大数据与智慧物流

王喜富　著

清 华 大 学 出 版 社
北京交通大学出版社
·北京·

内 容 简 介

本书依据大数据技术及其基础理论，结合我国现代物流业发展和智慧物流运营需求，从智慧物流业务管理、智慧物流供应链管理和智慧物流商物管控三个维度，从微观、中观及宏观三个层面研究了大数据在智慧物流领域的应用，分析了智慧物流大数据分类方法及智慧物流系统结构，提出了大数据背景下智慧物流服务模式；通过大数据背景下智慧物流业务模式及业务体系研究，设计了智慧物流信息平台、运营框架及其运营管理模式。对我国物流行业应用大数据技术的基础与实施条件、物流智慧化管控模式进行了研究，为物流产业实现智慧化、数据化奠定了基础。

本书结构合理、层次清晰、图文并茂、实用性强，将基础理论、关键技术与实际应用及运营管理紧密结合，有助于推动大数据技术的普及与智慧物流产业的发展。本书可以作为高等学校物流与大数据相关专业的参考书，也适合于行业技术人员及管理者使用。

图书在版编目(CIP)数据

大数据与智慧物流/王喜富著. —北京：北京交通大学出版社：清华大学出版社，2016.1（2022.7 重印）

ISBN 978-7-5121-2489-9

Ⅰ.① 大… Ⅱ.① 王… Ⅲ.①数据处理-应用-物流-物资管理 Ⅳ.①F252-39

中国版本图书馆 CIP 数据核字（2015）第 302853 号

责任编辑：郭东青　　特邀编辑：张诗铭

出版发行：清 华 大 学 出 版 社　　邮编：100084　　电话：010-62776969
　　　　　北京交通大学出版社　　邮编：100044　　电话：010-51686414

印　刷　者：艺堂印刷（天津）有限公司

经　　销：全国新华书店

开　　本：170×235　　印张：12.5　　字数：238 千字

版　　次：2022 年 7 月第 6 次印刷

书　　号：ISBN 978-7-5121-2489-9/F·1569

印　　数：6501~9000 册　　定价：36.00 元

前言
PREFACE

　　大数据技术（巨量信息技术），使得人类认识世界的思想及方法发生了变革。根据维基百科的定义，大数据是指无法在可承受的时间范围内用常规软件工具进行捕捉、管理和处理的数据集合。根据相关定义，可以认为大数据技术指的是所涉及的信息量规模巨大到无法通过目前主流软件技术及工具进行分析处理，无法在合理时间内达到撷取、管理、处理，并整理成为帮助企业或数据用户实现经营决策目标的巨量信息技术。大数据技术的战略意义不在于掌握庞大的数据信息，而在于对这些含有意义的数据进行专业化处理。换言之，如果把大数据比作一种产业，那么这种产业实现盈利的关键，在于提高对数据的"加工能力"，通过"加工"实现数据的"增值"。大数据的基本思想是由分析随机样本转变为分析全体数据、由追求数据精确性转变为接受数据混杂性、由注重因果关系转变为关注相关关系。大数据的核心技术主要包括大数据捕捉技术、大数据存储管理技术、大数据处理技术、大数据预测分析技术、大数据可视化技术等。

　　随着物联网、互联网、通信网络等技术的发展，尤其是大数据和云计算技术的深入应用与逐步应用，传统物流业开始向现代物流业转型，智慧物流应运而生。智慧物流是以物联网、云计算、大数据为技术支撑，以物流产业自动化基础设施、智能化业务运营、信息系统辅助决策和关键配套资源为基础，通过物流各环节、各企业的信息系统无缝集成，实现物流全过程链可自动感知识别、可跟踪溯源、可实时应对、可智能优化决策的物流业务形态。

　　同样，大数据技术也使得物流行业及物流企业认识物流系统及其业务运营的思想及方法发生了较大变革。由于各类数据贯穿在整个物流过程中，是物流运营过程智能化的重要组成部分。应用现有的及将来出现的大数据分析方法与软件技术，对物流产业大数据进行智能化、决策化的分析管理与控制，有利于实时掌控大数据的决策与分析能力，提高物流产业运营效率与管控能力。因此本书研究了大数据技术在智慧物流领域的应用，有助于推进物流产业的持续健康发展，为我国物流行业实现智慧化、数据化奠定基础。

本书结合我国现代物流业发展和智慧物流系统建设需求，对智慧物流的发展、内涵和应用趋势进行了深入系统的研究与设计，建立了初步的智慧物流技术体系、业务体系及运营体系；通过对大数据基础理论及其思想和在智慧物流领域的应用分析，提出了大数据背景下的智慧物流数据分类方法；在大数据条件下智慧物流运作及业务模式分析研究基础上，设计了智慧物流业务体系，进而形成了大数据背景下的智慧物流运营框架；基于我国智慧物流发展及运营需求，结合大数据、物联网等先进信息技术应用，设计了智慧物流信息平台；结合现代物流智慧化服务理念和特征的分析研究，建立了大数据环境下的智慧物流服务模式，从智慧物流商物管控、智慧物流供应链运营管理和智慧物流业务管理三个维度，分别从智慧物流宏观层面、中观层面及微观层面三个层次研究了智慧物流运营管控模式，以此支撑智慧物流业务的高效管理与运营优化。

全书共九章，内容包括：智慧物流发展现状与趋势分析，大数据技术发展现状与应用分析，大数据背景下智慧物流数据分类研究，大数据背景下智慧物流信息技术研究，智慧物流业务模式与业务体系研究，智慧物流信息平台设计研究，大数据背景下智慧物流运营框架研究，智慧物流服务模式研究，大数据背景下智慧物流运营管控模式分析研究。

大数据已经上升为一种互联网经济形态——大数据经济、大数据产业。目前在我国现代物流产业发展过程中技术应用受到了若干关键瓶颈制约，其中突出的问题是对数据时代的认知不足。物流行业及企业领导者应该抓住历史机遇，正确地认识大数据及数据时代，突破一些关键技术和核心环节，借助大数据技术，推动我国智慧物流高效协同发展。

在本书撰稿过程中，参考了大量的文献，在此谨向相关文献的作者表示衷心的感谢！同时作者多次到相关物流企业进行调研，综合了众多行业技术人员和领域专家的意见。在此向相关企业领导和专家致以衷心的感谢！参加本书撰稿的还有秦予阳、张文瀛、刘溪、吴婉晶、刘敏、孙丽娜、郭雄、白世梅、王梦婕等。

由于作者水平及时间有限，加上大数据技术及物流产业发展迅速，相关技术和管理理念不断翻新，书中难免有疏漏和不足之处，敬请读者批评指正。

编者
2015 年 8 月

目录
CONTENTS

1 智慧物流发展现状与趋势分析

随着物联网、互联网、通信网等技术的发展，尤其是大数据和云计算技术的广泛应用，传统物流业开始向现代物流业转型，智慧物流应运而生。本章主要从智慧物流的起源和内涵、功能体系、核心技术入手，探讨智慧物流在国内外发展的现状，研究智慧物流未来发展特点和方向，重点对大数据与智慧物流的应用进行分析。

1.1　智慧物流概述

1.1.1　智慧物流起源及内涵

1. 智慧物流的起源

智慧物流的产生是物流业发展的必然结果，智慧物流理念的出现顺应历史潮流，也符合现代物流业发展的自动化、网络化、可视化、实时化跟踪和智能监控的发展新趋势，符合物联网、大数据、互联网和云计算等发展的趋势。智慧物流是在物联网、大数据、互联网和云计算等的发展背景上，满足物流业自身发展的内在要求而产生的物流智慧化结果。智慧物流本身的形成跟现代物流的发展有着密不可分的渊源，从现代物流的发展角度上看，智慧物流的起源可概括为如下五个阶段：粗放型物流—系统化物流—电子化物流—智能物流—智慧物流，如图1-1所示。粗放型物流属于现代物流的雏形阶段，系统化物流是现代物流的初级发展阶段，电子化物流是现代物流的成熟阶段，而现代物流的未来发展趋势是由智能物流向智慧物流发展。

1）粗放型物流

粗放型物流的黄金时期是20世纪50—70年代。第二次世界大战后，世界经济迅速复苏，以美国为代表的发达资本主义国家进入了经济发展的黄金时期。以制造业为核心的经济发展模式给西方等发达资本主义国家带来大量的财富，刺激消费大规模增长，大量生产、大量消费成为这个时代的标志。随着大量产品进入市场，大型百货商店和超级市场如雨后春笋一般出现。在大规模生产和消费的初

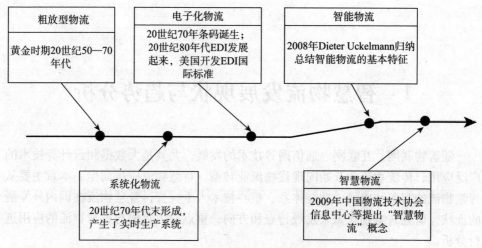

图1-1　智慧物流的起源

始阶段，由于经济的快速增长，市场需求旺盛，企业的重心放在生产上，对流通领域中的物流关注度不高，普遍认为产量最大化会导致利润最大化，因此造成大量库存。

粗放型物流时期的特点是专业型的物流企业很少，大部分企业都是自成体系，没有行业协作和大物流的意识，盲目扩张生产很快不能维持下去，迫使企业放弃原来的大规模生产消费型经营模式，寻找更适合的物流经营模式，如降低成本等。

2）系统化物流

从20世纪70年代末到80年代初，世界经济出现国际化趋势，物流行业也逐渐从分散、粗放式的管理阶段进入到了系统管理的阶段。系统化物流得益于企业对物流行业重要性的认识，以及新技术和新模式的出现。这一时期，企业已经把物流作为一门综合性的科学来看待，同时企业的经营决策和发展战略也开始注重物流的成本和效益。这一时期的物流行业关注削减库存以降低运营成本，并引入了物流总成本的概念。新型物流技术的应用也迎合这股潮流，如实时生产系统（just in time，JIT）和集装箱运输等。另外，新兴物流业务的出现也丰富了物流行业的服务模式。这些新兴的思想、技术、服务成为物流行业变革的契机和动力。值得一提的是，尽管这个时候信息技术革命尚在襁褓之中，但计算机辅助管理、模拟仿真系统、线性规划技术等开始大量运用到物流系统中。

系统化物流时期的特点是新技术和新模式的出现，企业对物流的理解从简单分散的运输、保管、库存管理等具体功能，上升到原料采购到产品销售整个过程的统一管理，开始在物流成本和效益方面做文章。

3）电子化物流

从 20 世纪 90 年代中后期以来，计算机技术的出现及大规模应用，以互联网在经济活动中的应用为主要表现形式的电子商务取得了快速的发展，在客户需求的拉动、技术进步的推动及物流产业自身发展需要的驱动等多方面力量的作用下，现代物流业正迎来一个新的发展阶段——电子化物流时期。在这个时期里，信息技术开始为物流行业助力，并成为持续推动物流行业飞速发展的最关键动力，最为典型的两项信息化技术是 20 世纪 70 年代诞生的条码和 80 年代的 EDI。特别是互联网的出现，基于 EDI 可以提供一套统一的标准进行数据交互和处理，减少了纸张票据特点，使得 EDI 的应用范围可以覆盖物流的各主要环节，如在线订货、库存管理、发送货管理、报关、支付等。

电子化物流时期的特点主要包括三点。第一，电子化物流需要借助互联网来开展业务运作；第二，电子化物流体系以满足客户对物流服务的需求为导向，让客户通过互联网参与物流运作过程，以更好地实现以客户为中心的物流服务发展目标；第三，电子化物流注重追求供应链整体的物流效果，供应链合作伙伴之间通过互联网建立起密切的业务联系，共同为提高供应链物流的效率和效益及降低物流运作的总体成本和时间占用而努力，强调共存共荣、互惠互利、同舟共济。

4）智能物流

21 世纪是智能化的世纪，随着智能技术的发展，物流也自然朝着智能化方向发展，特别是随着智能标签、无线射频识别技术、电子数据交换技术、全球定位系统、地理信息系统、智能交通系统等应用的日益成熟，也相应地出现一些智能物流应用的雏形，包括智能仓储物流管理、智能冷链物流管理、智能集装箱运输管理、智能危险品物流管理、智能电子商务物流等，智能物流慢慢地被人们所了解。基于以上背景，结合现代物流的发展过程，考虑到物流业是最早实现作业智能化、网络化和自动化的行业，2008 年德国不来梅大学 Log Dynamics 实验室 Dieter Uckelmann 归纳总结了智能物流的基本特征。

智能物流时期的物流运营呈现精准化、智能化、协同化的特点。精准化物流要求成本最小化和零浪费；物流系统需要智能化地采集实时信息，并利用物联网进行系统处理，为最终用户提供优质的信息和咨询服务，为物流企业提供最佳策略支持；协同化，是利用物联网平台协助，实现物流企业上下游之间的无缝连接。

5）智慧物流

2009 年 12 月中国物流技术协会信息中心、华夏物联网、《物流技术与应用》编辑部联合提出与智能物流极其相似的"智慧物流"的概念，其指出智慧物流是利用集成智能化技术，使物流系统能模仿人的智能，具有思维、感知、学习、推理判断和自行解决物流中的某些问题的能力，它包含了智能运输、智能仓储、智能配送、智能包装、智能装卸及智能信息的获取、加工和处理等多项基本活动，为供方提供最大化的利润，为需方提供最佳的服务，同时也应消耗最少的自然资源和社会资源，最大限度地保护好生态环境，从而形成完备的智慧社会物流管理体系。在这之后，许多专家学者也提出了自己对智慧物流的见解。

智慧物流时期的特点是智能化、一体化、柔性化、社会化。智慧物流的时代已经到来并且还在继续，随着技术的不断进步和应用的成熟，智慧物流将更加完善。

2. 智慧物流的内涵

从我国物流界提出"智慧物流"这个新的概念之初，由于这个概念"新"，所以还没有完全取得共识。目前实际上还存在着理解上的差异：一种观点把"智慧物流"看成是一个名词，认为它是一种确定的、高水平的物流形态；另一种观点把"智慧物流"看成"有智慧的物流"，其中的"智慧"作为形容词，仅仅是对某一项具体物流的形容或判断。本书更倾向于前一种理解，认为它更符合概念提出者的原意，当然，"智慧"的内涵，它的作用与影响现在并没有形成共识。

很多学者都在探讨物流的发展问题，提出了各种各样的看法，进行了多方面的探索，"智慧物流"便是人们对物流发展抱有的期望。现在，"智慧物流"已经成为经济和物流领域全新的、超前的物流理念，是创新的产业形态与运作形态。

李芏巍教授认为智慧物流是"将互联网与新一代信息技术应用于物流业中，实现物流的自动化、可视化、可控化、智能化、信息化、网络化，从而提高资源利用率的服务模式和提高生产力水平的创新形态"。

王之泰教授则认为智慧物流是"将互联网与新一代信息技术和现代管理应用于物流业，实现物流的自动化、可视化、可控化、智能化、信息化、网络化的创新形态"，他认为"智慧"的获得并不完全是技术方面的问题，应增加管理的内涵，要防止把技术问题绝对化，当然管理中也含有技术，但体制的作用和人的作用是不可缺少的。

国家发改委综合运输研究所副所长汪鸣认为，智慧物流是指在物流业领域广泛应用信息化技术、物联网技术、智能技术、匹配的管理和服务技术的基础上，使物流业具有整体智能特征和服务对象之间具有紧密智能联系的发展状态。

贺盛瑜等学者从管理视角出发，认为智慧物流是物流企业通过运用现代信息技术，实现对货物流程的控制，从而降低成本、提高效益的管理活动。

IBM 中国区副总裁王阳则从资源和成本视角指出，智慧物流是把所有物流企业的物流信息汇总到一个平台上进行集中分析，对运输车辆进行科学排序，合理调度使用，从而减少空载率，降低物流成本，提高物流效益的管理活动。

中国物联网校企联盟认为，智慧物流是利用集成智能化技术，使物流系统能模仿人的智能，具有思维、感知、学习、推理判断和自行解决物流中某些问题的能力。即在流通过程中获取信息，从而分析信息做出决策，使商品从源头开始被实施跟踪与管理，实现信息流快于实物流。即可通过 RFID、传感器、移动通信技术等实现配送货物自动化、信息化和网络化。

本书作者认为智慧物流（smart logistics）是以互联网＋为核心，以物联网、云计算、大数据及"三网融合"（传感网、物联网与互联网）等为技术支撑，以物流产业自动化基础设施、智能化业务运营、信息系统辅助决策和关键配套资源为基础，通过物流各环节、各企业的信息系统无缝集成，实现物流全过程可自动感知识别、可跟踪溯源、可实时应对、可智能优化决策的物流业务形态。

1.1.2　智慧物流功能体系

智慧物流集多种功能于一身，体现了现代经济运作特征需求，即强调信息流与物流快速、高效、通畅地运转，从而降低社会物流成本，提高生产效率，整合社会物流资源。智慧物流从宏观、中观和微观的角度看，功能体系包括三个层面，即智慧物流商物管控功能、智慧物流供应链运营功能和智慧物流业务管理功能。智慧物流功能体系如图 1-2 所示。

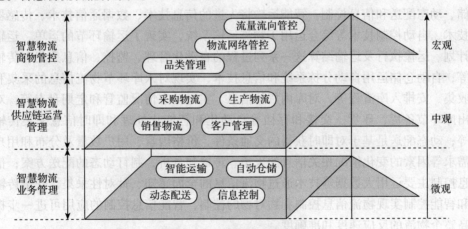

图 1-2　智慧物流功能体系

智慧物流功能体系具体内容包括以下三个方面。

1）智慧物流商物管控

从智慧物流宏观层面分析，智慧物流商物管控包括流量流向管控、物流网络管控和物品品类管理三个功能。本部分提出的"商物"的概念是指物流中的"物"，"物"在一般物流的概念中指的是"物品"，本书指的是"商物"，"商物"主要包括商品、物品、产品、货物及物资等。对于智慧物流中各品类商物的管理，如农产品物流、工业品物流等的管理，是保障供需平衡的基础；对物流网络的节点和通道的管控，是供需衔接的关键；流量流向管控是把握物流动态情况，以预测、规划、调整各类商物的供需。

2）智慧物流供应链运营管理

从智慧物流中观层面分析，智慧物流供应链运营管理包括采购物流、生产物流、销售物流和客户管理功能。具体来说包括将技术和管理进行综合集成，从供应链上游的需求管理、生产计划、供应商管理和相应的采购作业、生产控制追踪和订单管理；再到下游的分销商、销售订单管理、库存控制及运输配送，直到终端客户的管理各项功能，通过对采购量、采购对象、渠道、流量流向、生产量、生产环节、生产周期、销售量、销售对象、渠道、客户类型及分布等相关数据采集和分析，对采购物流、销售物流、销售物流和客户管理进行管理及优化。智慧物流供应链运营管理将采购物流系统、生产物流系统与销售物流系统、客户管理系统智能融合，而网络的融合产生智慧生产与智慧供应链的融合，物流完全智慧地融入供应链运营管理之中，打破了工序、流程界限，完善智慧物流。

3）智慧物流业务管理

从智慧物流微观层面分析，智慧物流业务管理功能包括智能运输、自动仓储、动态配送和信息控制。智能运输将先进的信息技术、数据通信技术、传感器技术、自动控制技术等综合运用于物流运输系统，实现了运输环节的运单、运输计划、运输执行及运输结算这一系列过程的自动化管理、监控、信息采集和传输等；自动仓储运用自动分拣系统和信息技术，实现对入库环节物流信息的采集和收集、安排入库流程等，对库内货位信息、实时动态情况监管和定期盘点等，对出库环节备货、理货、交接和存档等自动化和智能化处理和即时信息采集传输等；动态配送是基于对即时获得的交通条件、价格因素、用户数量及分布和用户需求等因素的变化情况相关信息的采集、传输和分析，制订动态的配送方案；信息控制主要运用大数据等技术通过物流信息的全面感知、针对性采集、安全传输和智能控制实现物流信息控制和物对物的控制，智能信息控制的应用可进一步提高整个物流的反应速度和准确度。

1.1.3 智慧物流核心技术

智慧物流以信息技术为支撑，在物流各个环节实现系统感知、全面分析、及时处理及自我调整，实现物流规整智慧、发展智慧、创新智慧和系统智慧的现代综合型物流系统。智慧物流所涉及的信息技术以物联网、云计算和大数据为核心，实现信息的捕捉、推送、处理、分析和预测，进而实现智慧物流的信息化、数字化、网络化、集成化和可视化。智慧物流核心技术框架如图1-3所示。

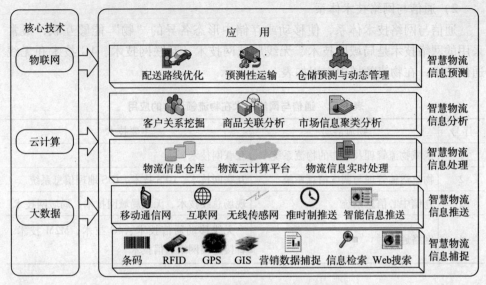

图 1－3　智慧物流核心技术框架

1. 物联网技术

物流领域是物联网技术最重要的应用领域，物联网是"物物相连的互联网"，即通过各类传感装置、RFID 技术、视频识别技术、红外感应、全球定位系统、激光扫描器等信息传感设备，按约定的协议，根据需要实现物品互联互通的网络连接，进行信息交换和通信，以实现智能化识别、定位、跟踪、监控和管理的智能网络系统。

根据物联网的特征来划分，物联网主要有三大技术体系。

1）感知技术体系

感知技术体系主要有 RFID 技术、GPS 技术、传感器技术、视频识别与监控技术、激光技术、红外技术、蓝牙技术等，感知技术分类如表 1－1 所示。

表 1－1　感知技术分类

序号	物流活动	主要技术
1	"物"进行识别、追溯	RFID 技术、条码自动识别技术
2	"物"进行分类、拣选	RFID 技术、激光技术、红外技术、条码技术
3	"物"进行定位、追踪	GPS 卫星定位技术、GIS 地理信息系统技术、RFID 技术、车载视频技术等
4	"物"进行监控	视频识别技术、RFID 技术、GPS 技术等

2）通信与网络技术体系

通信与网络技术体系，使移动或存储中形态各异的"物"能够互联，最常采用的网络技术是局域网技术、无线局域网技术、互联网技术、4G技术和无线通信技术，在物流领域中应用如表1-2所示。

表1-2　通信与网络技术在物流领域中的应用

序号	物流活动	主要技术
1	区域物流管理及运作的物流系统	互联网技术
2	物流运输管理与调度信息系统	互联网技术、GPS技术、GIS地理信息系统
3	仓储中心信息系统	现场总线技术、无线局域网技术、局域网技术
4	网络通信	无线移动通信技术、4G技术、M2M技术、直接连接网络通信技术

3）智能技术体系

常采用的智能技术主要有ERP技术、自动控制技术等，在物流领域中的应用如表1-3所示。

表1-3　智能技术在物流领域中的应用

序号	物流活动	主要技术
1	社会物流运输系统	数据挖掘技术、智能调度技术、优化运筹技术等
2	以仓储为核心的物流中心	自动控制技术、智能机器人技术、智能信息管理系统技术、移动计算技术、数据挖掘技术
3	物流为核心的智能供应链综合系统、物流公共信息平台	智能计算技术、数据挖掘技术等

2. 云计算技术

云计算是分布式处理、并行处理和网格计算的发展，或者说是这些计算机科学概念的商业实现。云计算通过使计算分布在大量的分布式计算机上，而非本地计算机或远程服务器中，企业数据中心的运行将与互联网更为相似，这使得企业能够将资源切换到需要的应用上，根据需求访问计算机和存储系统。

将云计算应用到智慧物流中，加快和完善智慧物流信息服务平台的建设，进一步加快物流的信息化发展，同时云计算技术在物流中的应用实现了物流相关数据的数据捕捉、整理、存储、分析、处理和管理等。云计算关键技术主要包括虚拟化技术、分布式海量数据存储、海量数据管理技术、编程方式、云计算平台管理技术等。基于云计算技术的内容和优势，构建物流信息平台来服务物流企业成为物流企业的首选，通过云计算平台，提供给物流企业相关业务服务、数据存储和基础服务等。

1）云计算平台业务服务层面

物流企业利用经过分析处理的感知数据，通过 Web 浏览器为其客户提供丰富的特定应用与服务，包括物流监控、智能检索、信息查询、信息码扫描、物品的运输传递扫描等。

2）云计算平台数据存储层面

利用云计算平台，提供物流企业所需要的具体数据，包括数据的海量存储、查询、分析，实现资源完全共享、资源自动部署、分配和动态调整。

3）云计算平台基础服务层面

依靠云计算平台，为物流企业提供各种互联网应用所需的服务器，这样物流企业便能在数据存储及网络资源利用方面具备优越性，同时能够减少物流企业的经营成本；还可以在应用时实现动态资源调配，自动安装部署，提供给用户按需响应、按使用收费和高质量的基础设施服务。

3. 大数据技术

大数据是由数量巨大、结构复杂、类型众多的数据构成的数据集合，是基于云计算的数据处理与应用模式，通过数据的整合共享，交叉复用形成的智力资源和知识服务能力，并从各种类型的数据中快速获得有价值信息。大数据处理关键技术包括大数据采集、大数据预处理、大数据存储及管理、大数据分析及挖掘等。除了在物流领域的广泛应用，大数据技术还应用于能源、医疗、通信和零售等行业。

1）大数据采集技术

智慧物流系统复杂，数据繁多，数据的采集是大数据价值挖掘最重要的一环，其后的集成、分析、管理都构建于采集的基础。大数据采集技术就是通过不断发展的数据收集方法及技术获取海量有价值的数据，包括普通文本、照片、视频、链接信息等。

2）大数据预处理技术

大数据预处理技术主要完成对已接收数据的辨析、抽取、清洗等操作。因获取的数据可能具有多种结构和类型，数据抽取过程可以帮助我们将这些复杂的数据转化为单一的或者便于处理的构型，以达到快速分析处理的目的；对于大数据，并不全是有价值的，有些数据并不是我们所关心的内容，而另一些数据则是完全错误的干扰项，因此要对数据通过清洗转化从而提取出有效数据。

3）大数据存储及管理技术

大数据存储与管理要用存储器把采集到的数据存储起来，建立相应的数据库，并进行管理和调用。只有数据与适合的存储系统相匹配，制定出管理数据的战略，才能低成本、高可靠、高效益地应对大量数据。对于物流企业而言，面临大数据首先解决的问题就是成本和时间效应问题。

4）大数据分析及挖掘技术

大数据分析涉及的技术方法很多，根据挖掘任务可分为分类或预测模型发现、数据总结、聚类、关联规则发现、序列模式发现、依赖关系或依赖模型发现、异常和趋势发现等。大数据分析及挖掘就是从大量的、不完全的、有噪声的、模糊的、随机的实际应用数据中，提取隐含在其中的、人们事先不知道的、但又是潜在有用的信息和知识的过程。

1.2 智慧物流发展现状

1.2.1 智慧物流发展概述

目前，以智慧物流为代表的现代物流产业在国外已经有了较大的发展，美国、欧洲和日本等已经成为智慧物流产业发展的领头羊，市场规模巨大，相关技术处于国际一流水平；智慧物流已经成为美国、欧洲和日本等国家发展现代物流产业，降低物流成本，推动产业升级的重要推动引擎和国民经济发展的重要支柱产业。

随着信息技术不断发展和国家政策推动，实现智慧物流，同时更好地提高资源利用率与经营管理水平成了中国发展现代物流的大方向。总的来说，我国很多先进的现代物流系统已经具备了信息化、数字化、网络化、集成化、智能化、柔性化、敏捷化、可视化、自动化等先进技术特征，并且我国已经拥有多家着手发展智慧物流的雏形企业，如中储股份、外运发展、中海发展、铁龙物流、武汉长江智能物流、上海三尔施智能物流、江苏双茂智能物流等，各地政府在智慧物流发展方式上也开展了大量研究。但是与美国、日本等发达国家相比，我国的智慧物流尚处于初级阶段。由于传统体制影响，基础设施不完善，管理技术及水平、服务质量等方面发展不均，加上新兴技术应用不足、企业对物流认知不够等因素的限制，物流发展相对滞后，物流总体水平不高，产业总体规模不大。后金融危机时代，为了提高竞争力、降低运营成本，生产和销售等企业不断吸收经验，对物流业的重视程度也越来越高。

1.2.2　国外智慧物流发展现状

近年来，随着物流信息化不断提高，美国、日本等发达国家现代物流朝着智慧物流不断发展，并取得了很好的效果。

1. 美国智慧物流发展现状

美国经济高度发达，也是世界上最早发展物流业的国家之一。

1）总体现状

美国有着宽松有序的物流发展环境、良好的物流基础设施、较强的第三方物流企业、全球物流服务管理能力、先进的物流技术、职业素养良好的职工等。从物流成本构成上看，美国物流管理成本占总成本的 3.8%，而物流总成本仅占 GDP 不到 10%。

美国物流企业的物流设备几乎都实现了高度的机械化和计算机化，同时美国物流业积极推动物流供应链的集约化、协同化发展。基于先进的信息化技术和运作管理水平，美国物流发展中利用多样的物流理论研究方法和大数据思想，紧密结合市场的实际需求和发展趋势，研究具体对象，同时物流发展环境的数据采集、数据存储、数据分析、数据应用渠道十分顺畅、系统。

2）代表企业发展现状

目前的智慧物流先进物流技术及应用，代表性企业应用突出，主要包括沃尔玛、FedEx 和 UPS 等。作为物流强国，代表性企业只是美国智慧物流发展呈现的一瞥。

零售巨头沃尔玛采用的基于 RFID 的智能物流系统，使其配送成本仅占销售额的 2%，远低于同行业水平，同时利用专用卫星实现全球店铺的信息传送与运输车辆的定位及联络，同时在公司 5 500 辆运输卡车上装备卫星定位系统（GPS），每辆车位置、装载货物、目的地皆可实时查询，可合理安排运量和路程，最大限度地发挥运输潜力。

国际性速递公司 FedEx 应用实时跟踪系统，每日处理全球 200 多个国家的近 250 万件包裹，确保 JIT – D 能够达到 99% 成功率。

UPS 创建的全国无线通信网络，可把实时跟踪的信息从卡车传送到公司中央电脑中，将每天上百万笔递送业务存储为电子数据，其开发的供应商管理系统，可以使客户通过 UPS 信息系统对国外供应商的订单履行状态进行在线跟踪，其建立的 www.ups.com，可为顾客提供全方位的服务。

2. 日本智慧物流发展现状

1）总体现状

日本物流业几十年的发展过程，经历了开始的以生产为出发点，后来以市场营销为出发点，再后来从消费者的角度推进物流发展。在当今信息化时代，日本物流充分发挥第三方物流的作用，以现代物流技术为支撑，重视精细物流的发展，物流配送社会化程度高，物流信息系统发达。

2）先进物流技术及应用现状

现代技术装备是日本物流企业占据制高点的关键所在，主要包括：物流系统的信息化，如进出口报单无纸化、一条龙服务，物流电子数据交换技术；物流系统的标准化；软件技术和物流服务的高度融合，物流行业充分利用电子信息化手段来实现物流全过程的协调、管理和控制，实现从网络前端到最终客户端的所有中间服务的过程管理，通过实现企业之间、管理信息系统之间及资金流、物流和信息流之间的无缝连接，为供应链的上下游企业提供一种透明的可视性功能，帮助企业最大限度地控制和管理物流的全过程，实现物流低成本高效率的目标。

在日本，几乎所有的物流企业都充分利用当今最新的物流技术来开展物流服务业务。比如，日本大型物流企业或从事长途运输的货运车辆都安装了全球定位系统（GPS），不仅便于企业实时掌握车辆所处位置，随时调度就近车辆应付客户的紧急需求，还有利于客户及时了解服务的进展和动态。除此之外，近年来日本大规模物流设施增幅明显，与传统设施只具有保管功能不同，其具备了高效率的分拣功能，能够实现快速配送。

3. 欧洲智慧物流发展现状

1）总体现状

欧洲在物流产业上具有明显的特色，科技进步尤其是 IT 技术的发展及相关产业的合并联盟，促进了欧洲物流业的快速发展。在过去的几年中，欧洲物流市场一直在增长，潜在市场达 1910 亿美元，特别是第三方物流市场发展迅猛，服务收入占物流总收入的24.42%。随着国际物流的不断发展，其物流业也在重组，但是与美国和日本相比，欧洲的智慧物流发展相对缓慢。

2）先进物流技术及应用现状

目前的智慧物流先进物流技术及应用，以法国代表性企业为例，主要实现的是有效的物流过程控制和信息传输。

世界上最大的汽车配件供应商之一 Faurecioa 公司建立的 EX WORD 模式，通过对分散的供应商进行集成管理、优化，促使每个产品形成一个标准或流程，使公司物流管理费用在营业额中所占的比重下降到4.3%，大大提高了对市场的反应速度；全球领先的运输公司 KN 自行开发的全程物流信息系统，分为六个渐进的层次提供信息服务，包括跟踪集装箱、确定订货单位置、跟踪每个货物、优化物流服务、物流配送等，同时信息系统能够做到传导图像资料，如发票，过关资料等。在没有轮船、汽车、飞机的情况下，公司通过应用该系统，对世界各地的物流资源进行有效组织利用，使公司的空运和海运达到全球领先地位。

1.2.3　国内智慧物流发展状况

1. 智慧技术应用现状

以物联网、云计算、大数据等为代表的智慧技术也已经开始在我国进行了广泛的应用，并已经显现成效。但由于各种因素的影响，物流产业目前在我国仍然是智慧技术应用的"洼地"，中国物联网应用市场结构调查显示，物流应用仅占相关产业规模的 3.4%。智慧技术在智慧物流领域的应用还有巨大的发展空间。智慧技术应用主要包括物联网技术、大数据技术等。

1）物联网技术应用现状

（1）感知技术应用状况。

在物流信息化领域，我国应用最普遍的物联网感知技术为 RFID 技术，占 38%；目前 RFID 技术在各大物流公司已经迈出了一大步；其次是 GPS/GIS 技术，占 32%；视频与图像感知技术居第三位，占 9%；传感器的感知技术居于第四位，不到 4%；其他感知技术在物流领域也有应用，不足 4%。各类感知技术在物流领域的应用情况如图 1-4 所示。

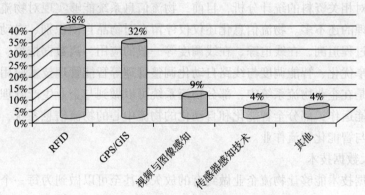

图 1-4　各类感知技术在物流领域的应用情况

根据对相关资料的统计分析，多项感知技术集成应用的情况也较多，如 RFID 技术与传感器技术结合、GPS/GIS 技术与 RFID 技术结合、车载视频与 GPS 技术结合等。

（2）网络与通信技术应用状况。

目前，在物流公司面对大范围的物流作业时由于货物分布在全国各地，并且货物在实时移动过程中，因此，物流的网络化信息管理往往借助于互联网系统与企业局域网相结合应用，但也有企业全部采用局域网技术。在物流中心，物流网络往往基于局域网技术，也采用无线局域网技术，组建物流信息网络系统。

在数据通信方面，往往是采用无线通信与有线通信相结合，新的物流信息系统还大量采用了 3G 通信技术等先进的技术手段。根据对物流信息化案例的不完全统计，采用互联网技术的占 68%，采用局域网技术的占 63%，采用无线局域网技术的占 24%，有的系统采用多种网络技术，如图 1-5 所示。

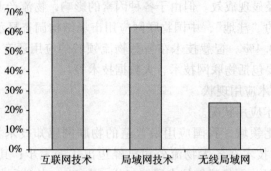

图 1-5　各类网络技术在物流行业应用情况

（3）智能管理技术应用状况。

根据对相关资料的统计分析，目前，物流信息系统能够实现对物流过程智能控制与管理的还不多。物流信息化还仅仅停留在对物品自动识别、自动感知、自动定位、过程追溯、在线追踪、在线调度等一般的应用，离数据挖掘、网络融合与信息共享优化、智能调度与线路自动化调整管理等智能管理技术应用还有很大差距。只是在企业物流系统中，部分物流系统可以做到与企业生产管理系统无缝结合，智能运作；部分全智能化和自动化的物流中心的物流信息系统，可以做到全自动化与智能化物流作业。

2）大数据技术

大数据技术能够让物流企业做到有的放矢，甚至可以做到为每一个客户量身定制符合他们自身需求的服务，从而颠覆整个物流业的运作模式。但是大数据技术在国内智慧物流领域应用还处在起步阶段，有更广阔的发展空间。目前，大数据技术在物流企业中的应用主要包括以下几个方面。

（1）市场预测。

依靠数据挖掘及分析，大数据技术能够帮助企业完全勾勒出其客户的行为和需求信息，通过真实而有效的数据反映市场的需求变化，从而对产品进入市场后的各个阶段做出预测，进而合理地控制物流企业的库存和安排运输方案，提高服务质量。

以天猫为例，大数据技术的应用主要来自天猫与菜鸟网络的合作。在 2014

年的"双十一"期间，菜鸟网络根据历史数据，以及当年参与"双十一"活动的商家名单、备货量等信息进行了综合的数据分析预测。由于菜鸟网络早已提前掌握了大数据技术，用于指导商家、物流快递公司、消费者的物流信息联动，并运用物流数据雷达服务，为其提供详细的区域和网点预测，进而保证了物流配送效率。大数据技术能够更加客观地帮助电商平台和快递公司做决策，优化物流体系，能够最大限度地帮助快递公司分拨不爆仓，提升快递"最后一公里"的服务质量。

（2）物流中心的选址。

物流中心选址问题要求物流企业在充分考虑到自身的经营特点、商品特点和交通状况等因素的基础上，使配送成本和固定成本等之和达到最小。大数据技术中的分类树方法可以解决这类问题。

（3）优化配送线路。

配送线路的优化是一个典型的非线性规划问题，它一直影响着物流企业的配送效率和配送成本。物流企业运用大数据来分析商品的特性和规格、客户的不同需求（时间和金钱）等问题，从而用最快的速度对这些影响配送计划的因素做出反应（比如选择哪种运输方案、哪种运输线路等），制定最合理的配送线路。而且企业还可以通过配送过程中实时产生的数据，快速地分析配送路线的交通状况，对事故多发路段做出预警。精确分析配送整个过程的信息，使物流的配送管理智能化，提高了物流企业的信息化水平和可预见性。

（4）仓库储位优化。

合理地安排商品储存位置对于仓库利用率和搬运分拣的效率有着极为重要的意义。对于商品数量多、出货频率快的物流中心，储位优化就意味着工作效率和效益。哪些货物放在一起可以提高分拣率，哪些货物适合存储的时间较短？大数据技术中的关联模式法能够分析商品数据间的相互关系，以便合理地安排仓库位置。

2. 智慧物流公共信息平台建设现状

（1）总体现状。

我国学者对现代物流公共信息平台的研究起步较晚，但是随着各级政府对现代物流公共信息平台建设的重视，以及物流行业发展对现代物流公共信息平台建设的要求，近几年在平台研究上取得了一系列成果。我国关于现代物流公共信息平台的研究多集中于平台功能、体系结构和技术应用方面，并简单研究了平台的层次级别和运营模式。但是有关研究多处于理论层面，成果缺乏转化能力。而对于具体的运营模式缺乏足够的关注和分析，不利于平台建设运营，影响了平台的运营效率和效益，不能体现出平台的支撑服务作用。因此，针对现有研究的不足，有必要在认识平台功能需求的基础上研究平台的运营模式，实现现代物流公共信息平台的可持续运营。

我国具有代表性的现代物流公共信息平台案例主要包括：国家交通运输物流公共信息平台（LOGINK）、山东交通物流公共信息平台、阿里巴巴物流服务平台。

物流公共信息平台发展从功能设置上看，各地物流信息平台的功能设置呈多样化特征，但以电子商务和数据交换作为核心功能的平台居多，均占到平台总数的三成以上，各地物流市场对物流信息平台电子商务服务和数据交换服务的需求也最为集中；从服务对象上看，各地物流信息平台规划设计服务对象以物流企业为主，其中物流园区占比较高，但是平台的智慧性还是有很大提升空间的。

（2）代表企业发展现状。

为满足企业、用户不同物流信息化需求，代表性的物流信息服务平台各具特色，有致力于打造第四方物流，专为中小物流企业提供会员服务与管理服务的平台，如上海"物流汇"；有致力于打造既可以为用户提供"一站式"集成化的物流信息与交易服务、增值服务及云服务的智慧物流平台，如成都物流公共信息平台；也有致力于为天猫、淘宝平台上的电商提供 IT 基础设施和数据云服务的电子商务平台，如"聚石塔"。

（3）不足与展望。

目前，我国智慧物流服务平台初步实现了物流信息的发布、共享、交易撮合及简单的增值服务，但就物流信息化水平而言，多数平台在技术及功能方面还远未达到智慧物流的水平，缺乏有效的产品和技术支撑，应用功能大多停留在信息发布，且发布的信息缺乏有效审核、监管等。平台作用发挥受限、落地难，平台"叫好不叫座"，因此我国的智慧物流公共信息服务平台建设仍然处在雏形阶段。先进的物联网及云计算技术还未充分应用，如何实现运输透明化、路径最优化、配送智能化及管理和决策的科学化等，还是现代物流发展的短板。

1.3　智慧物流发展趋势

1.3.1　未来特点

智慧物流是将现代信息技术应用于物流业中，实现物流的自动化、可视化、可控化、智能化、网络化，从而提高资源利用率和生产力水平的创新服务模式。智慧物流的未来发展将充分体现智能化、一体化、柔性化、社会化，即在智慧物流作业过程中大量运筹与决策的智能化；以物流管理为核心，实现物流过程中运输、存储、包装、装卸等环节的一体化和智慧物流系统的层次化；智慧物流的发展会更加突出"以顾客为中心"的理念，根据消费者需求变化来灵活调节生产工艺；智慧物流的发展将会促进区域经济的发展和世界资源优化配置，实现社会化。智慧物流未来特点如图1-6所示。

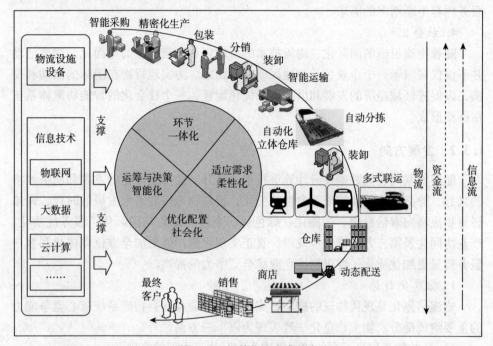

图1-6 智慧物流未来特点

1. 智能化

智能化是物流发展的必然趋势，是智能物流的典型特征，它贯穿于物流活动的全过程，随着人工智能技术、自动化技术、信息技术的发展，其智能化的程度将不断提高。它不仅仅限于库存水平的确定、运输道路的选择、自动跟踪的控制、自动分拣的运行、物流配送中心的管理等问题，随着时代的发展，还将不断地被赋予新的内容。

2. 一体化

智能物流活动既包括企业内部生产过程中的全部物流活动，也包括企业与企业、企业与个人之间的全部物流活动等。智能物流的一体化是指智能物流活动的整体化和系统化，它是以智能物流管理为核心，将物流过程中运输、存储、包装、装卸等诸环节集合成一体化系统，以最低的成本向客户提供最满意的物流服务。

3. 柔性化

柔性化是为实现"以顾客为中心"理念而在生产领域提出的，即真正地根据消费者需求的变化来灵活调节生产工艺。物流正在向柔性化的方向发展，必将按照客户的需要提供高度可靠的、特殊的、额外的服务，满足"以顾客为中心"服务内容不断增多的需求。

4. 社会化

随着物流设施的国际化、物流技术的全球化和物流服务的全面化，物流活动并不仅仅局限于一个企业、一个地区或一个国家。为实现货物在国际的流动和交换，以促进区域经济的发展和世界资源优化配置，一个社会化的智能物流体系正在逐渐形成。

1.3.2 发展方向

随着物联网、大数据及云计算等技术的提升、经济全球化的发展和网络经济的兴起，势必给物流业带来革命性的变化，智慧物流将迎来大发展的时代，未来智慧物流将向着信息化、智能化、绿色化、企业全球化与国际化、服务优质化、产业协同化及第三方物流逐步发展，真正实现物流功能更加全方位立体化和客户服务质量更加优质化，促进物流企业综合竞争力的提高。

1. 信息化趋势

物流信息化是现代物流的核心，成为物流企业和社会物流系统核心竞争能力的重要组成部分。物流信息化一般表现为以下三方面。

1）公共物流信息平台的建立将成为国际物流发展的突破点

公共物流信息平台是为国际物流企业、国际物流需求企业和其他相关部门提供国际物流信息服务的公共的商业性平台，其本质是为国际物流生产提供信息化手段的支持和保障。

2）物流信息安全技术将日益被重视

从网络技术发展起来的物流信息技术，在享受网络飞速发展带来巨大好处的同时，也时刻存在可能遭受的安全危机，例如，网络黑客无孔不入地恶意攻击、病毒的肆虐、信息的泄密等。

3）信息网络将成为国际物流发展的最佳平台

互联网以其简便、快捷、灵活、互动的方式，全天候地传送全球各地间的信息，网上信息流通的时间成本和交换成本空前降低，商务、政务及个人事务都可以把信息搭载在互联网上传送，信息网络为全球物流信息的交互提供了最为高效便捷的平台。

2. 智能化趋势

智慧物流的智能化已经成为一个必然的发展方向。目前，除了智能化交通运输外，无人搬运车、机器人堆码、无人叉车、自动分类分拣系统、无纸化办公系统等现代物流技术，都大大提高了物流的机械化、自动化和智能化水平，同时，还出现了虚拟仓库、虚拟银行的供应链管理。随着智能化技术不断成熟，智慧物流的智能水平将实现行业的全面性提升。

3. 绿色化趋势

智慧物流一方面促进了国民经济从粗放型向集约型转变，而另一方面成为消费生活高度化发展的支柱，绿色型、循环型物流转变是大势所趋。绿色物流包括在物流过程中抑制物流对环境造成危害的同时对物流系统造成污染，如运输和配送工具的噪声、排放污染进行控制；实现对物流体系的净化和优化，从而使物流资源得到充分的利用。

4. 企业全球化与国际化趋势

随着经济全球化及我国对外开放不断扩大，更多的外国企业和国际资本"走进来"和国内物流企业"走出去"，推动国内物流产业融入全球经济，物流企业全球化与国际化是必然结果，即物流设施国际化、物流技术国际化、物流服务国际化、货物运输国际化和流通加工国际化等，不断促进世界资源的优化配置和区域经济的协调发展。

5. 服务优质化趋势

基于客户需求更加多元化和物流产业不断升级，势必推进智慧物流服务优质化，以满足客户全方位的服务需求，即实现"5 Right"的服务——把好的产品在规定的时间、规定的地点，以适当的数量、合适的价格提供给客户将成为物流企业优质服务的共同标准。

6. 产业协同化趋势

在物流全球化的时代，制造业和服务业逐步一体化，大规模生产、大量消费使得经济中的物流规模日趋庞大和复杂，传统的、分散的物流活动正逐步拓展，整个供应链向集约化、协同化的方向发展，成为物流领域的重要发展趋势之一。

7. 第三方物流趋势

随着物流技术的不断发展，第三方物流作为一个提高物资流通速度、节省仓储费用和资金在途费用的有效手段，已越来越引起人们的高度重视。这种通过中间商提供服务，以合同的形式在一定期限内，给企业提供所需的全部或部分物流服务的方式具有潜力大、渐进性和高增长率的特性，必将成为物流领域发展方向之一。

1.4 大数据与智慧物流

1.4.1 大数据概述

一般意义上，大数据是指无法在有限时间内用传统 IT 技术和软硬件工具对其进行感知、获取、管理、处理和服务的数据集合，大数据的特点可以总结为 4 个 v，即 volume（体量巨大）、variety（类型繁多）、value（价值密度低）和 velocity（处理速度快），如图 1-7 所示。

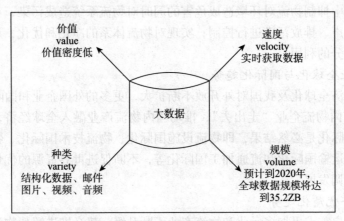

图 1-7 大数据的特点

如图 1-7 所示，大数据的 4 个 "v" 具体内容如下。

1. 数据体量巨大（volume）

数据数量急剧增长，数据集已从 TB 级别转向 PB 级别，并且不可避免地会转向 ZB 级。

2. 数据类型繁多（variety）

随着传感器、智能设备及社交协作技术的激增，企业中的数据也变得更加复杂，因为它不仅包含了传统的关系型数据，还包含来自网页、互联网日志、搜索索引、社交媒体论坛、电子邮件、文档、主动和被动系统的传感器数据等原始半结构化和非结构化数据。

3. 价值密度低（value）

随着物联网的广泛应用，信息感知无处不在，信息海量，价值密度较低，如何通过强大的机器算法更迅速地完成数据的价值提纯，是大数据时代亟待解决的难题。以视频为例，连续不间断监控过程中，可能有用的数据仅仅有一两秒，这就需要相应的视频数据挖掘技术发现筛选有价值的信息。

4. 处理速度快（velocity）

数据生成和需要处理数据的速度提升，有效处理大数据需要在数据变化的过程中对它的数量和种类进行分析。

1.4.2 大数据应用

大数据应用主要通过数据捕捉、推送、处理、分析，利用大数据分析的结果，为用户提供辅助决策并结合不同的行业进行预测分析，发掘潜在价值。大数据的应用，可以在多个方面提升企业的生产效率和竞争力。比如，市场方面，利用大数据关联分析，更准确地了解消费者的使用行为，挖掘新的商业模式；销售规划方面，通过大量数据的比较，优化商品价格；运营方面，提高运营效率和运营满意度，优化劳动力投入，准确预测人员配置要求，避免产能过剩，降低人员成本；供应链方面，利用大数据进行库存优化、物流优化、供应商协同等工作，可以缓和供需之间的矛盾、控制预算开支，提升服务。

大数据在金融、社交网络、移动数据、物联网等领域得到了很好的应用。大数据的典型应用如图 1 - 8 所示。

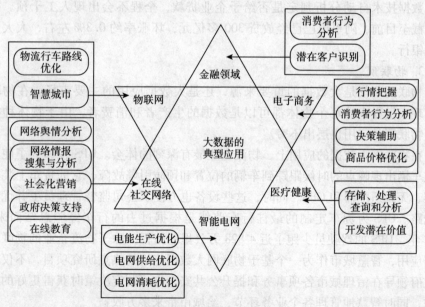

图 1 - 8　大数据的典型应用

大数据的典型应用具体而言包括以下几个方面。

1. 金融领域

在金融领域，企业内部大数据的应用得到了快速发展。例如，招商银行通过数据分析识别出招行信用卡价值客户经常出现在星巴克、DQ、麦当劳等场所后，通过"多倍积分累计""积分店面兑换"等活动吸引优质客户；通过构建客户流失预警模型，对流失率等级前20%的客户发售高收益理财产品予以挽留，使得金卡和金葵花卡客户流失率分别降低了15个和7个百分点；通过对客户的交易记录进行分析，有效地识别潜在的小微企业客户，并利用远程银行和云转介平台实施交叉销售，取得了良好成效。

2. 电子商务

当然最典型的应用还是在电子商务领域，每天有数以万计的交易在淘宝上进行，与此同时相应的交易时间、商品价格、购买数量会被记录。更重要的是，这些信息可以与买方和卖方的年龄、性别、地址、甚至兴趣爱好等个人特征信息相匹配。淘宝数据魔方是淘宝平台上的大数据应用方案，通过这一服务，商家可以了解淘宝平台上的行业宏观情况、自己品牌的市场状况、消费者行为情况等，并可以据此进行生产、库存决策，而与此同时，更多的消费者也能以更优惠的价格买到更心仪的宝贝。而阿里信用贷款则是阿里巴巴通过掌握的企业交易数据，借助大数据技术自动分析判定是否给予企业贷款，全程不会出现人工干预。据透露，截至目前，阿里巴巴已经放贷300多亿元，坏账率约0.3%左右，大大低于商业银行。

3. 物联网

物联网不仅是大数据的重要来源，还是大数据应用的主要市场。在物联网中，现实世界中的每个物体都可以是数据的生产者和消费者，由于物体种类繁多，物联网的应用也层出不穷。

在物联网大数据的应用上，物流企业最有深刻的体会。UPS快递为了使总部能在车辆出现晚点的时候跟踪到车辆的位置和预防引擎故障，它的货车上装有传感器、无线适配器和GPS。同时，这些设备也方便了公司监督管理员工并优化行车线路。UPS为货车定制的最佳行车路线是根据过去的行车经验总结而来的。2011年，UPS的驾驶员少跑了近4 828万公里的路程。除了物流企业的物联网大数据应用，智慧城市作为一个基于物联网大数据应用的热点研究项目，不仅能帮助政府领导在治理城市各项事务和提升公共安全方面制定决策时获得更好的信息支撑，同时智慧地管理各个业务环节，给城市带来多方收益。

4. 在线社交网络

在线社交网络，是一种在信息网络上由社会个体集合及个体之间的连接关系构成的社会性结构。在线社交网络大数据主要来自即时消息、在线社交、微博和共享空间 4 类应用。由于在线社交网络大数据代表了人的各类活动，因此对于此类数据的分析得到了更多关注。在线社交网络大数据分析是从网络结构、群体互动和信息传播 3 个维度，通过基于融合数学、信息学、社会学、管理学等多个学科的理论和方法，为理解人类社会中存在的各种关系提供一种可计算的分析方法。目前，在线社交网络大数据的应用包括网络舆情分析、网络情报搜集与分析、社会化营销、政府决策支持、在线教育等。

5. 医疗健康

医疗健康数据是持续、高增长的复杂数据，蕴涵的信息价值也是丰富多样。对其进行有效的存储、处理、查询和分析，可以开发出其潜在价值。对于医疗大数据的应用，将会深远地影响人类的健康。

6. 智能电网

智能电网，是指将现代信息技术融入传统能源网络构成新的电网，通过用户的用电习惯等信息，优化电能的生产、供给和消耗，是大数据在电力系统上的应用。智能电网可以解决电网规划；发电与用电的互动，提高供电效率，减少电能浪费；间歇式可再生能源的接入等。

1.4.3 大数据技术在智慧物流中的应用

随着信息技术的飞速发展，特别是云计算、物联网技术的成熟，推动了以大数据应用为标志的智慧物流产业的兴起。大数据的最大特点是通过现有的数据分析规律，通过大数据技术进行信息化、高效率的管理，有利于实时掌控物流各个环节的数据，提高配送效率，减少损耗；同时随着市场的发展，客户的选择越来越多，竞争更加激烈，通过对数据分析和挖掘，就可以进一步巩固和客户之间的关系，为顾客提供更好的服务，增加客户的信赖，培养客户的黏性；数据分析还能帮助物流企业做出正确的决策。大数据技术在智慧物流中的应用主要体现在以下三个层面。

1. 大数据在商物管控层的应用

商物管控是指物流运营宏观层面的应用，包括商品品类、物流网络及物品的流量流向等领域的应用。利用大数据工具和统计模型对数据库的数据仔细研究，以分析客户的商物需求、运输习惯和其他战略性信息。通过检索数据库中近年来的流量流向数据，以及商品类型的信息，从更广域的数据范围如企业营销数据、信息检索数据、Web 搜索数据等中，获得智慧物流中的商品数量分布、需求分布、商品来源等信息，可以对季节性、运输量，对货物品类和库存的趋势、消费者购物习惯、消费倾向等进行大数据分析，并对供需、数量、品类做出决策，更好地满足客户个性化需求，即有针对性地为用户选择符合其消费心理和习惯的商品信息。

2. 大数据在物流供应链运营层的应用

1）连贯物流供应链各方各环节

大数据在智慧物流供应链运营层应用，连接包含供应商、经销商、客户、物流服务商乃至供应商的供应商、客户的客户等，从源头上和过程中帮助企业应用大数据，逐渐成为企业运营决策的"大脑"，帮助企业在供应链的"采购物流、生产物流、销售物流、客户管理"等环节打造企业决策所需的数据供应链。

2）实时信息掌控

通过对外部数据和内部数据的物流信息实时掌控与推送、分析，使供需双方在最适当的时机得到最适用的市场信息，获取快速变化的需求信号，及时了解渠道伙伴和终端的销售数据，匹配分布的供应库存信息，掌控准确的物流在途情况。

3）及时响应与优化

通过物流供应链相关信息获取及分析，优化采购物流协同业务执行，并迅速掌握发现整个供应链环节运作情况，提出问题的解决方案，制订相应的行动计划，实现供应链运营的高效、快捷和决策正确性，避免了供应链供应缺乏或供应过剩、生产与运输之间的不协调、库存居高不下等弊端。

3. 大数据在业务管理层的应用

1）信息及时交互响应

在智慧物流业务管理层面，大数据环境下利用 RFID、条码技术及 GPS、GIS 等信息采集技术进行货物信息捕捉，并把实时信息推送到物流系统中存储并进行数据处理，有助于识别运输行为，改进运输效率，及时做出应急响应，发现配送新模式和趋势，取得更高的核心竞争力，减少物流成本等。

2）仓储品类分配

通过消费需求等相关信息的大数据分析运算，对区域仓储商品品类进行有针对性的分配和优化，有效避免缺货断货；基于透明化的物流追踪系统，通过仓储网络的数据共享、数据提取自由、物品全程监控，实现物流的动态管理，优化区域货品调配，降低物流成本，提高货品调度反应速度。

3）运输库存优化

将运输数据和库存数据集中起来，通过数据分析，以决定对哪些货物进行先行发货，以确保正确的库存；将库存信息和货物预测信息，通过电子数据交换直接送到客户那里，这样可以定期增加或者减少库存，物流商也可减少自身负担；利用路径历史数据记录，在不同时间段选择最优路径，提高运输配送效率；同时还可以根据海量用户数据去预测用户的购买行为，通过预测用户购买行为可以提前配货运输，有效缩减商品到达时间。

1.5　本章小结

本章对智慧物流发展现状和趋势进行了研究和分析。首先通过对智慧物流起源的五个阶段和特点的阐述，同时针对专家学者对智慧物流的研究和见解，总结智慧物流的内涵；基于智慧物流商物管控、供应链运营管理和业务管理三个层面建立智慧物流体系，并且总结智慧物流核心技术内容和应用。然后对智慧物流国外发展的总体现状、国内智慧物流技术应用现状、公共信息平台建设现状和不足进行分析，进而对智慧物流未来特点和发展方向做出总结。最后通过对大数据应用和其在智慧物流三个层面应用的概括为其余章节研究做铺垫。

参考文献

［1］CHAOUCHI H. The Internet of Things：connecting objects to the Web ［M］. British Library Cataloguing – in – Publication Data，2010.

［2］MANYlKA J. Big data：the next frontier for innovation，competition，and productivity ［R］. Executive Summary. McKinsey Geobal Institute，2011.

［3］Nature. Big data ［EB/OL］［2012 – 10 – 02］. http：//www. nature. com/news/specials/bigdata/Index. html.

［4］胡安安，黄丽华，张成洪，等. 解读"智慧物流"［J］. 上海信息化，2014（3）：44 – 47.

［5］王之泰. 关注智慧物流 ［J］. 中国储运，2014（1）：55.

［6］胡安安，黄丽华，张成洪，等."物"有智慧：2014 智慧物流愿景展望［J］. 上海信息化，2014（2）：28 – 31.

［7］黄慧良. 迎接"智慧物流"时代 ［J］. 中国储运，2013（1）：60.

［8］陈全，邓倩妮. 云计算及其关键技术 ［J］. 计算机应用，2009，29（9）：2562 – 2567.

［9］夏锦文. 日本物流业发展对我国的启示 ［J］. 中国流通经济，2011，25（8）：36 – 39.

［10］http：//www. 56135. com/56135/info/infoview/13777. html.

［11］张天宫，徐婧，宋昊，等. 交通运输物流公共信息平台发展现状与趋势分析 ［J］. 现代商业，2013（35）：124 – 125.

［12］吴晓钊，王继样. 物联网技术在物流业的应用现状与发展前景 ［J］. 物流

技术与应用，2011，16（2）：52－59
[13] 严霄凤，张德馨．大数据研究［J］．计算机技术与发展，2013（4）：168－172．
[14] 张引，陈敏，廖小飞，等．大数据应用的现状与展望［J］．计算机研究与发展，2013，50（z2）：216－233．
[15] 窦万春，江澄．大数据应用的技术体系及潜在问题［J］．中兴通讯技术，2013，19（4）：8－16．
[16] 田雪，司维鹏，刘莹莹，等．大数据在物流企业中的应用［J］．电子商务，2015（1）：36－37．

2　大数据技术发展现状与应用分析

大数据是基于云计算的数据处理与应用模式，具有数据体量大、数据类型多样、数据价值密度低、数据处理速度快、数据采集手段智能化、数据分析精准化等特点。大数据时代分析的是全体数据，接受数据的混杂性和完整性，更加关注相关关系。大数据技术包括大数据捕捉技术、大数据存储技术、大数据计算处理技术、大数据预测分析技术、大数据可视化技术五大技术。通过分析大数据技术在物流商物管控、物流供应链管理、物流业务管理方面的应用，可以帮助物流企业发现更多有价值的信息，预测物流过程中可能发生的行为，使物流业朝着数字化、一体化、智能化、网络化的方向发展。

　2.1　大数据技术概述

大数据是一个较为抽象的概念，正如信息学领域大多数新兴概念，不同的行业对于大数据的定义不尽相同。

麦肯锡（美国首屈一指的咨询公司）是研究大数据的先驱。在其报告 *Big data：The next frontier for innovation，competition and productivity* 中给出的大数据定义是：大数据指的是大小超出常规的数据库工具获取、存储、管理和分析能力的数据集。但它同时强调，并不是说一定要超过特定 TB 值的数据集才能算是大数据。

国际数据公司（IDC）从大数据的四个特征来定义，即数据体量巨大（volume）、数据生成和处理的速度快（velocity）、数据类型繁多（variety）、数据价值密度低（value）。

亚马逊（全球最大的电子商务公司）的大数据科学家 John Rauser 给出了一个简单的定义：大数据是任何超过了一台计算机处理能力的数据量。

维基百科中只有短短的一句话："巨量资料（big data），或称大数据，指的是所涉及的数据量规模巨大到无法通过目前主流软件工具，在合理时间内达到撷取、管理、处理并整理成为帮助企业经营决策更积极目的的资讯。"

本书对于大数据的定义为：大数据是在多样的或者大量数据中，迅速获取有价值信息的能力。大数据是指无法用现有的软件工具提取、存储、搜索、共享、分析和处理的海量的、复杂的数据集合。它不仅包含了海量数据和大规模数据，而且还包括更为复杂的数据类型。在数据处理方面，数据处理的响应速度由传统的周天小时降为分秒的时间处理周期，需要借助云计算、物联网等技术降低处理成本，提高处理数据的效率。

大数据技术是基于云计算的数据处理与应用模式，是可以通过数据的整合共享，交叉复用形成的智力资源和知识服务能力，是可以应用合理的数学算法或工具从中找出有价值的信息，为人们带来利益的一门新技术。大数据核心问题的解决需要大数据技术。大数据领域已经涌现出大量新的技术，它们成为大数据采集、存储、处理和呈的有力武器。今后大数据技术将在多个领域得到发展应用，大数据技术在我国物流领域的应用，有利于整合物流企业，实现物流大数据的高效管理，从而降低物流成本，提升物流整体服务水平，满足客户个性化需求。

2.1.1 大数据的基本特征

大数据通常是指数据规模大于 10 TB 以上的数据集。它除了具有典型的 4v 特征（volume、velocity、variety 、value），即体量巨大、类型繁多、价值密度低、处理速度快的特征外，还具有数据采集手段的智能化、数据应用的可视化等特点，如图 2 - 1 所示。

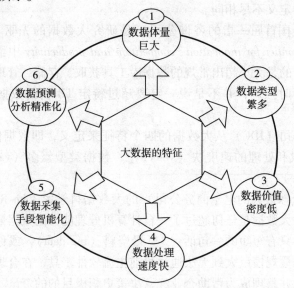

图 2 - 1　大数据的基本特征

1. 数据体量巨大

大数据最显著的特征是数据量巨大，一般关系型数据库处理的数据量在 TB级，大数据所处理的数据量通常在 PB 级以上。随着信息化技术的高速发展，数据呈现爆发性增长的趋势，如图 2－2 所示。导致数据规模激增的原因有很多，首先是随着互联网的广泛应用，使用网络的人、企业、机构增多，数据获取、分享变得相对容易；其次是随着各种传感器数据获取能力的大幅提高，使得人们获取的数据越来越接近原始事物本身，描述同一事物的数据量激增。社交网络（微博、Twitter、Facebook）、移动设备、车载设备等都将成为数据的来源，数据来源的广泛必将带来巨大的数据量。

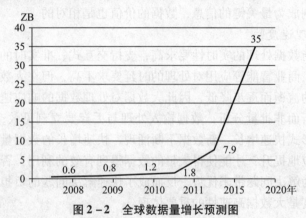

图 2－2　全球数据量增长预测图

2. 数据类型多样

大数据所处理的计算机数据类型早已不是单一的文本形式或者结构化数据库中的表，它包括订单、日志、博客、微博、音频、视频等各种复杂结构的数据。大数据环境下的数据类型分为结构化数据、半结构化数据、非结构化数据。以最常见的 Word 文档为例，最简单的 Word 文档可能只有寥寥几行文字，但也可以混合编辑图片、音乐等内容，成为一份多媒体的文件，来增强文章的感染力。这类数据通常称为非结构化数据。与之相对应的另一类数据，就是结构化数据。这类数据可以简单地理解成表格里的数据，每一条都和另外一条的结构相同。每个人的工资条依次排列到一起，就形成了工资表。与传统的结构化数据相比，大数据环境下存储在数据库中的结构化数据仅约占 20%，而互联网上的数据，如用户创造的数据、社交网络中人与人交互的数据、物联网中的物理感知数据等动态变化的非结构化数据占到 80%。数据类型繁多，复杂多变是大数据的重要特性。

3. 数据价值密度低

大数据中有价值的数据所占比例很小，大数据的价值性体现在从大量不相关的各种类型的数据中，挖掘出对未来趋势与模式预测分析有价值的数据。数据价值密度低是大数据关注的非结构化数据的重要属性。大数据为了获取事物的全部细节，不对事物进行抽象、归纳等处理，直接采用原始的数据，保留了数据的原貌。由于减少了采样和抽象，呈现所有数据和全部细节信息，可以分析更多的信息，但也引入了大量没有意义的信息，甚至是错误的信息，因此相对于特定的应用，大数据关注的非结构化数据的价值密度偏低。以当前广泛应用的监控视频为例，在连续不间断监控过程中，大量的视频数据被存储下来，许多数据可能是无用的。但是大数据的数据价值密度低是指相对于特定的应用，有效的信息相对于数据整体是偏少的，信息有效与否也是相对的，对于某些应用是无效的信息对于另外一些应用则成为最关键的信息，数据的价值也是相对的。

4. 数据处理速度快

速度快是指数据处理的实时性要求高，支持交互式、准实时的数据分析。传统的数据仓库、商业智能等应用对处理的时延要求不高，但在大数据时代，数据价值随着时间的流逝而逐步降低，因此大数据对处理数据的响应速度有更严格的要求。实时分析而非批量分析，数据输入处理与丢弃要立刻见效，几乎无延迟。数据呈爆炸的形式快速增长，新数据不断涌现，快速增长的数据量要求数据处理的速度也要相应地提升，才能使得大量的数据得到有效的利用，否则不断激增的数据不但不能为解决问题带来优势，反而成了快速解决问题的负担。数据的增长速度和处理速度是大数据高速性的重要体现。

5. 数据采集手段智能化

大数据的采集往往是通过传感器、条码、RFID 技术、GPS 技术、GIS 技术、Web 搜索等智能信息捕捉技术获得所需的数据，这体现了大数据采集手段智能化的特点，与传统的人工搜集数据相比更加的快速，获取的数据更加完整真实。通过智能采集技术可以实时、方便、准确地捕捉并且及时有效地进行信息传递，这将直接影响整个系统运作的效率。

6. 数据预测分析精准化

预测分析是大数据的核心所在，大数据时代下预测分析已在商业和社会中得到广泛应用，预测分析必定会成为所有领域的关键技术。通过智能数据采集手段获得与事物相关的所有数据，包括文字、数据、图片、音视频等类型多样的数据，利用大数据相关技术对数据进行预测分析，得到精准的预测结果，从而可以对事物的发展情况做出准确的判断，获得更大的价值。

2.1.2 大数据技术数据处理的基本环节

大数据来源于互联网、企业、物联网等系统，用于支撑企业决策或业务的自动智能化运转。目前大数据已广泛应用于医疗、娱乐、金融业、商业服务、运输物流业、通信、工程建设等诸多领域。大数据的成功应用，要经过数据捕捉、数据存储管理、数据计算处理、数据挖掘分析、数据知识展现五个主要环节，如图2-3所示。

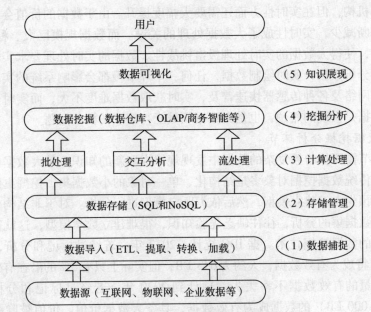

图 2-3 大数据技术数据处理框架

1. 数据捕捉环节

主要是从本地数据库、互联网、物联网等数据源导入数据，包括数据的提取、转换和加载（extracting transforming loading，ETL）。大数据的来源多种多样，既包括企业 CRM/ERP 等内部数据库、网页索引库或 SNS 等公众互联网，也可包括传感网或 M2M 等物联网，不仅数量庞大，而且更加参差不齐、杂乱无章。这就要求系统在采集环节能够对数据去粗取精，同时还能尽可能保留原有语义，以便后续分析时参考。

2. 数据存储管理环节

数据的存储、管理是数据处理的两个细分环节，这两个细分环节之间的关系极为紧密。数据管理的方式决定了数据的存储格式，而数据如何存储又限制了数据分析的广度和深度。除了对海量异构数据进行高效率的存储之外，还要适应多样化的非结构化数据管理需求，具备数据格式上的可扩展性并且能够提供快速读写和查询功能。

3. 数据计算处理环节

该环节需要根据处理的数据类型和分析目标，采用适当的算法模型快速处理数据。海量数据处理要消耗大量的计算资源，就传统单机或并行计算技术来说，速度、可扩展性和成本上都适应不了大数据的新需求。分布式计算成为大数据的主流计算机构，但在实时性方面还需要大幅度提升。由于数据的价值会随着时间的推移不断减少，实时性成了大数据处理的关键。而数据规模巨大、种类繁多、结构复杂，使得大数据的实时处理极富挑战性。数据的实时处理要求实时获取数据，实时分析数据，实时绘制数据，任何一个环节慢都会影响系统的实时性。当前，互联网络及各种传感器快速普及，实时获取数据难度不大，而实时分析大规模复杂数据是系统的瓶颈，也是大数据领域亟待解决的核心问题。

4. 数据挖掘分析环节

此环节需要从纷繁复杂的数据中发现规律提取新的知识，是大数据体现价值的关键。传统数据挖掘对象多是结构化、单一对象的小数据集，挖掘更侧重根据先验知识预先人工建立模型，然后依据既定模型进行分析。对于非结构化、多源异构的大数据集的分析，往往缺乏先验知识，很难建立数学模型，这就需要发展更加智能的数据挖掘技术。据 IDC 统计，2012 年，若经过标记和分析，数据总量中23%将成为有效数据，大约为643 EB；但实际上只有3%的潜在有效数据被标记，大量的有效数据不幸丢失。预计到 2020 年，若经过标记和分析，将有33%（13 000 EB）的数据成为有效数据，具备大数据价值。价值被隐藏起来的数据量和价值被真正挖掘出来的数据量之间的差距巨大，产生了大数据鸿沟，对多种数据类型构成的异构数据集进行交叉分析的技术，是大数据的核心技术之一。

5. 数据知识展现环节

大数据技术的战略意义不在于掌握庞大的数据信息，而在于对这些含有意义的数据进行专业化处理，将海量的信息数据在经过分布式数据挖掘处理后将结果展现出来。数据知识展现主要是借助于图形化手段，清晰有效地传达与沟通信息。依据数据及其内在模式和关系，利用计算机生成的图像来获得深入认识和知识。数据知识展现环节主要是以直观的便于理解的方式将分析结果呈现给用户，进而通过对数据的分析和形象化，利用大数据能够推导出量化计算结论，同时应用到行业中去。

2.2　大数据技术的基本思想

大数据是继云计算之后抢占市场制高点的又一领地，它既是社会经济高度发展的结果，也是信息技术发展的必然。大数据开启了一次重大的时代转型，正在改变生活及理解世界的方式，它是一场生活、工作与思维的大变革。大数据的出现，使得通过数据分析可以预测事物发展的未来趋势，探索得知事物发展的规律。大数据将逐渐成为现代社会基础设施不可或缺的一部分，在社会、经济等各个领域发挥愈来愈重要的作用。大数据时代，数据成为越来越有用的资源，大数据技术的基本思想主要体现在以下三个方面，如图 2－4 所示。

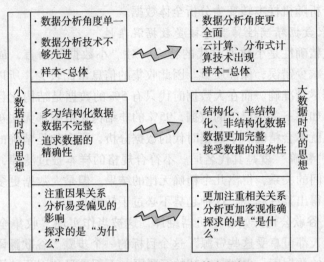

图 2－4　大数据技术的基本思想

1. 由分析随机样本转变为分析全体数据

在小数据时代，由于记录、储存和分析数据的工具不够发达完善，只能收集少量数据进行分析，信息处理能力受到一定的限制，只能随机抽样进行分析抽样的目的就是用最少的数据获得最多的信息。

苹果公司的传奇总裁乔布斯在与癌症斗争的过程中采用了不同的方式，成为世界上第一个对自身所有 DNA 和肿瘤 DNA 进行排序的人。他得到的不是一个只有一系列标记的样本，而是包括整个基因密码的数据文档。乔布斯的医生们能够基于乔布斯的特定基因组成，按所需效果用药。如果癌症病变导致药物失效，医生可以及时更换另一种药。乔布斯曾说我要么是第一个通过这种方式战胜癌症的人，要么就是最后一个因为这种方式死于癌症的人。虽然他的愿望都没有实现，但是这种获得所有数据而不仅是样本的方法还是将他的生命延长了好几年。

此外，谷歌流感趋势预测也不是依赖于对随机样本的分析，而是分析了整个美国几十亿条互联网检索记录。分析整个数据库，而不是对一个样本进行分析，能够提高微观层面分析的准确性，甚至能够推测出某个特定城市的流感状况，而不只是一个州或是整个国家的情况。因此在大数据时代，需要放弃样本分析这种方法，选择收集全面而完整的数据；需要足够的数据处理和存储能力，也需要最先进的分析技术。

在大数据时代，随着数据分析技术的不断提高，可处理的数据量大大增加，对事物理解的角度将比以前更大更全面，分析更多甚至所有的数据，不再依赖于随机抽样。大数据技术就是指不采用随机分析方法而采用所有数据的方法。在大数据时代由分析随机样本转变为分析全体数据。

2. 由追求数据精确性转变为接受数据混杂性

过度注重精确性是小数据时代的特点。对"小数据"而言，最基本、最重要的要求就是减少错误，保证质量。因此收集的信息量比较少，所以必须保证记录下来的数据尽量准确。而在大数据时代只有5%的数据是结构化且能适用于传统数据库的，如果不关注混杂的数据，95%的非结构化数据都无法被利用，分析得到的结果也就不会精确。小数据时代的数据分析，更多的是精确的样本、深度的数据挖掘，"精确"就是其代名词。不符合规格的样本被过滤掉，然后再深度挖掘数据字段间的关系，得出几个精确无比的结果。但是大数据更多的是通过对各种数据分析得出某种趋势，这种趋势不必过于精确。

2006年，谷歌公司开始涉足机器翻译，这被当作实现"收集全世界的数据资源，并让人人都可享受这些资源"这个目标的一个步骤。谷歌翻译开始利用一个更大更繁杂的数据库，也就是全球的互联网，而不再只利用两种语言之间的文本翻译。谷歌翻译系统为了训练计算机，会吸收它能找到的所有翻译。它会从各种各样语言的公司网站上寻找对译文档，还会去寻找联合国和欧盟这些国际组织发布的官方文件和报告的译本。它甚至会吸收速读项目中的书籍翻译。因此较其他翻译系统而言，谷歌的翻译质量相对而言是最好的。而且翻译的内容更多。谷歌翻译之所以更好并不是因为它拥有一个更好的算法机制。和微软的班科和布里尔一样，这是因为谷歌翻译系统增加了很多各种各样的数据。

相比依赖于小数据和精确性的时代，大数据因更强调数据的完整性和混杂性，使得事情的真相更加清晰。因此只有接受数据的不精确性和完整性，才能发现事物的真相。

3. 由注重因果关系转变为注重相关关系

在小数据时代，因果关系对事物的发展起着很关键的作用，但在大数据背景下，相关关系发挥的作用更大。通过应用相关关系，使得对事物的分析更容易、更快捷、更清楚。通过寻找相关关系，可以更好地捕捉现在的状态和预测未来的发展状况。如果A和B经常一起发生，我们只需要注意到B发生了，就可以预测A也发生了。这有助于我们捕捉可能和A一起发生的事情，即使我们不能直接测量或观察到A。更重要的是，它还可以帮助人们预测未来能发生什么。

　　沃尔玛公司是世界上最大的零售商，拥有超过 200 万的员工，年销售额约 4 500亿美元，比大多数国家的国内生产总值还多。在 20 世纪 90 年代，零售链通过把每一个产品记录为数据而彻底改变了零售行业。沃尔玛公司通过对历史交易记录这个庞大的数据库进行观察，深入分析每一个顾客的购物清单、消费额、购物篮中的物品、具体的购买时间甚至购买当日的天气，发现了其中有趣的相关关系。沃尔玛公司注意到，每当在季节性飓风来临之前，不仅手电筒销售量增加了，而且 POP – Tarts 蛋挞的销量也增加了。因此当季节性飓风来临时，沃尔玛会把库存的蛋挞放在靠近飓风用品的位置，以方便行色匆匆的顾客从而增加销量。

　　因此在大数据时代相关关系已被证明大有用途，建立在相关关系分析法基础上的预测是大数据的核心，大数据相关关系分析法更准确、更快，而且不易受偏见的影响。大数据时代探求的是事物本身而不是事物背后的原因，相关关系使事物更加清晰的呈现。

2.3　大数据技术组成

　　根据大数据技术处理的五个主要环节，大数据处理关键技术包括大数据捕捉技术、大数据存储管理技术、大数据处理技术、大数据预测分析技术、大数据可视化技术五类技术，其中大数据捕捉技术是其他技术应用的基础，如图 2 – 5 所示。

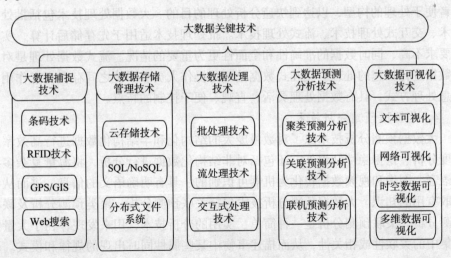

图 2 – 5　大数据关键技术组成

1. 大数据捕捉技术

大数据捕捉是指通过社交网站、搜索引擎、智能终端等方式获得的包括普通文本、照片、视频、位置信息、链接信息等类型多样的海量数据。数据捕捉环节是大数据预测分析的根本，是大数据价值挖掘最重要的一环，其后的集成、分析、管理都构建于数据捕捉的基础之上。大数据捕捉技术包括条码技术、RFID技术、GPS/GIS技术、Web搜索、社交媒体等技术。

2. 大数据存储管理技术

大数据存储管理是用存储器把采集到的数据存储起来，建立相应的数据库，并进行管理和调用。大数据存储系统不仅需要以极低的成本存储海量数据，还要适应多样化的非结构化数据管理需求，具备数据格式上的可扩展性。大数据存储管理技术包括云存储技术、SQL/NoSQL技术、分布式文件系统等。云存储技术是通过集群应用、网络技术或分布式文件系统等，将网络中大量各种不同存储设备集合起来协同工作，共同对外提供数据存储和业务访问功能的一个系统。

NoSQL技术是通过不断增加服务器节点从而扩大数据存储容量的技术。分布式文件系统可以使用户更加容易访问和管理物理上跨网络分布的文件，可实现文件存储空间的扩展及支持跨网络的文件存储。

3. 大数据处理技术

大数据处理技术主要完成对已接收数据的辨析、抽取、清洗等操作。因获取的数据可能具有多种结构和类型，数据抽取过程可以将复杂的数据转化为单一的或者便于处理的构型，以达到快速分析处理的目的。大数据处理技术包括批处理技术、交互式处理技术、流式处理技术。批处理技术适用于先存储后计算，实时性要求不高，同时数据的准确性和全面性更为重要的情况。流式数据处理是对实时数据进行快速的处理。交互式数据处理是操作人员和系统之间存在交互作用的信息处理方式，具有数据处理灵活、直观、便于控制的特点。

4. 大数据预测分析技术

大数据预测分析技术除了对数量庞大的结构化和半结构化数据进行高效率的深度分析、挖掘隐性知识外，还包括对非结构化数据进行分析，将海量复杂多源的语音、图像和视频数据转化为机器可识别的、具有明确语义的信息，进而从中提取有用的知识。大数据预测分析技术包括关联预测分析、聚类预测分析及联机预测分析。关联预测分析是一种简单、实用的分析技术，用来发现存在于大量数据集中的关联性或相关性，从而描述事物中某些属性同时出现的规律和模式。聚类预测分析是一组将研究对象分为相对同质的群组的统计分析技术，是一种探索分析技术。联机预测分析是处理共享多维信息的、针对特定问题的联机数据访问和联机分析处理的快速软件技术。

5. 大数据可视化技术

数据可视化是把数据转换为图形的过程。通过可视化技术，大数据可以以图形、图像、曲线甚至动画的方式直观展现，使研究者观察和分析传统方法难以总结的规律。可视化技术主要可以分为文本可视化技术、网络（图）可视化技术、时空数据可视化技术、多维数据可视化技术等。文本可视化是将文本中蕴含的语义特征直观地展示出来，典型文本可视化技术是标签云，将关键词根据词频或其他规则进行排序，按照一定规律进行布局排列，用大小、颜色、字体等图形属性对关键词进行可视化。网络（图）可视化的主要内容是将网络节点和连接的拓扑关系直观地展示，H状树、圆锥树、气球图等都属于网络可视化技术。时空数据是指带有地理位置与时间标签的数据。时空数据可视化重点对时间与空间维度及与之相关的信息对象属性建立可视化表征，对与时间和空间密切相关的模式及规律进行展示，流式地图是一种典型的时空数据可视化技术。多维数据指的是具有多个维度属性的数据变量，常用的多维可视化技术有散点图、投影、平行坐标等。

2.4 大数据技术在物流领域的应用分析

大数据技术应用指的是从多种渠道中收集电子信息并进行应用分析，从而识别发展模式、趋势及其他智能信息。这种分析会帮助行业识别那些已经发生但不易被察觉的信息，也会帮助行业预测未来将要发生的情况。大数据技术在物流领域中的应用需要依靠相关技术的进步和提升，同时还要有掌握相关技术的人才及相关的软件及硬件基础设施。大数据技术在物流领域的应用流程如图2-6所示，从图中可知大数据最终应用于物流领域，需要前期数据的收集、分发处理、汇总及与物流系统的融合，整个过程都可能会对物流领域的活动产生重大影响。

基于大数据技术在物流领域的应用流程，下面将从宏观层面商物管理、中观层面物流供应链管理、微观层面物流业务管理三个方面，分析大数据技术在物流领域的应用情况，以使得物流业可以提供更加优质高效的服务，实现物流业的一体化、智慧化、协同化发展。

1. 大数据技术在智慧物流商物管控中的应用分析

大数据背景下智慧物流商物数据包括智慧物流大宗商品数据和智慧物流零售商品数据。大宗商品数据是指大宗商品在智慧物流过程中产生的相关物流数据。零售商品数据主要包括零售商品在运输、仓储、配送等物流环节产生的相关数据，如零售商品本身的数据、生产销售商的数据、客户需求数据等。

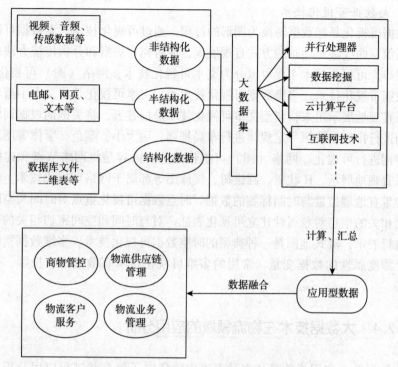

图 2 - 6　大数据技术在物流领域应用流程

　　运用大数据技术采集捕捉商品的品类数量、流量流向、需求分配、生产厂商、供应商等数据，对这些数据加以分析挖掘，实现对商品货物在业务方面、管理控制方面及应用方面的服务。

　　在业务方面，根据商品的类型可为客户提供食品类物流服务、五金类物流服务、化工类物流服务等。根据货物的性质，可以为客户提供针对普通货物和特殊货物的服务。根据产品的类型可以为客户提供工业商物物流服务和农业商物物流服务。

　　在管理控制方面，可以实现对商物核心节点及商物通道的管控，区分哪些节点是枢纽型节点，哪些节点是资源型节点，哪些节点是加工型节点及哪些节点是综合型节点，同时对涉及商物的基础设施网络、能力网络、信息网络、组织网络实现管理控制。

　　在应用服务方面，可以通过对一系列数据的预测分析，实现货物的流量流向预测、流量调控、流向分布分析，线路优化选择及运输方式选择等方面的管控。

　　2. 大数据技术在智慧物流供应链管理中的应用分析

　　供应链是物流的扩展和延伸，物流供应链主要涉及采购物流、生产物流、销售物流等物流环节，在各个环节会产生海量的数据。采购物流数据主要指包括原材料等一切生产物资的采购、进货运输、仓储、库存管理、用料管理和供应管理过程中产生的数据，主要包括供应商基本数据、采购计划数据、原料运输数据、原料仓储数据、采购成本数据。销售物流数据是指生产企业、流通企业出售商品时，物品在供方与需方之间的实体流动的过程中所产生的数据，主要包括销售计划数据、包装数据、仓储数据、运输配送数据、装卸搬运数据、流通加工数据、订单数据、销售网络数据等。生产物流数据是生产工艺中的物流活动中产生的数据，主要包括生产计划数据、生产成本数据、生产原料数据、生产状态数据。这些数据中既包括数据库、二维表等结构化数据，网页、文本文件等半结构化数据，也包括视频、音频等非结构化数据。在大数据背景下，运用大数据技术对数据进行采集捕捉、存储管理、计算处理、分析挖掘，进而应用于智慧物流供应链管理中，可以为客户提供包括核心业务服务、辅助业务服务及增值业务服务等多样化的供应链物流服务。下面简要介绍核心业务和辅助业务。

1）核心业务

核心业务主要是针对采购物流、生产物流、销售物流等物流环节。采购物流环节，主要是根据系统平台已有信息，由大数据驱动选择合适的供应商并提出采购需求，供应商按照采购要求的时间和配送方式完成配送；生产物流环节，利用智慧物流关键技术，对生产过程的物料管理、物流作业、物流系统状态监控等物流活动和信息进行组织与控制等；销售物流是物流供应链的最后一个环节，该环节在智慧物流情境下，货物的信息被自动感知设备感知，销售出货品，货架能够自动识别并向系统报告该货物的移动情况，使用者通过货物标签接入系统，也可以获得关于货物的所有信息。

2）辅助业务

辅助业务主要针对加工和流通环节，大数据技术的应用可以对该环节实现全程控制，提供实时服务。增值业务环节主要是根据大数据分析，为客户提供资源整合、物流供应链优化延伸、物流供应链集成等方面的服务。

在大数据背景下，通过对信息流、物流、资金流的控制，从采购原材料开始，再到生产，最后由销售网络把产品送到消费者手中，为客户提供优质、高效、全方位的服务，最终实现物流供应链的一体化。

3. 大数据技术在智慧物流业务管理中应用分析

智慧物流业务数据包括运输数据、仓储数据、配送数据、包装加工数据、装卸搬运数据等。运输业务作为智慧物流的核心业务，其进行过程中的数据较多，按照其作用的不同，分为运输基础数据、运输作业数据、运输协调控制数据和运输决策支持数据等。仓储业务是智慧物流业务中的静态业务，主要业务内容是将产品及相关信息在进行分类、挑选、整理、包装加工等生产活动后，集中到相应空间进行保存的过程，仓储业务数据可以分为仓储基础数据、仓储作业数据、仓储协调控制数据和仓储决策支持数据。配送是物流的最后一个环节，在智慧物流中，可以实现动态地配送，利用物联网等先进技术及时获得交通信息、用户需求等因素的变化情况，制订动态的配送方案，完成高效率、高品质的配送。配送数据就是在这个过程中产生的数据，可以分为配送基础数据、配送作业数据、配送协调控制数据和配送决策支持数据。在智慧物流中，除了运输、仓储和配送这三大核心业务之外，还有包装、流通加工和装卸搬运这三个辅助业务，根据数据的作用不同，将其分成其他业务基础数据、其他业务作业数据、其他业务协调控制数据和其他业务决策支持数据。

在物流业务过程中，采用 RFID、GPS/GIS、传感器等智能终端完成海量数据的采集捕捉，运用大数据存储管理技术实现大数据的管理，通过云计算、并行处理器、互联网技术对数据进行计算处理分析，得出最优的解决方案，从而实现智能运输、自动仓储、动态配送和信息控制核心业务的管理。

智能运输可以实现实时运输路线追踪、货物在途状态控制和自动缴费等功能，极大限度地提高了货物运输的安全性和智能性；自动仓储能够对货物验收、入库、定期盘点和出库等环节实现自动化和智能化，并在提供货物保管服务的同时监控货物状态；动态配送可以根据及时获得的交通条件、价格因素、用户数量及分布和用户需求等因素的变化情况，对其考虑、制订动态的配送方案，在提高配送效率的同时提高服务品质；智能信息控制的应用可进一步提高整个物流的反应速度和准确度。

除此之外，大数据背景下的智慧物流业务管理还要为客户提供增值的服务，如物流系统的设计与优化、物流决策支持、物流咨询等，最终达到一体化及信息化的管控服务。

通过分析大数据技术在智慧物流商物管控、智慧物流供应链管理、智慧物流业务管理不同层面的应用，明确了大数据背景下物流发展的方向和提供的服务内容。大数据技术的应用可以实现商物管控在时间空间上的智能化，实现物流供应链管理的一体化，实现物流业务在智能运输、自动仓储、动态配送等方面的科学管理控制。

 ## 2.5　本章小结

本章主要对大数据技术及其在物流领域的应用进行了研究与阐述，通过对大数据的分析，总结了大数据技术的六个基本特征，概括了大数据处理的五个基本环节，归纳了大数据技术的基本思想，分析了大数据技术组成，进而对大数据技术在智慧物流商物管控、智慧物流供应链管理、智慧物流业务管理三个层面的应用做出分析，从而为后续的研究打下了扎实的基础。

 参考文献

[1] 李志刚. 大数据：大价值、大机遇、大变革 [M]. 北京：电子工业出版社，2012.

[2] 覃雄派，王会举，杜小勇，等. 大数据分析：RDBMS 与 MapReduce 的竞争与共生 [J]. 软件学报，2012，23 (1)：32 – 45.

[3] 托夫勒. 第三次浪潮 [M]. 北京：中信出版社，2006.

[4] 迈尔 – 舍恩伯格. 大数据时代：生活、工作与思维的大变革 [M]. 杭州：浙江人民出版社，2012.

[5] 余建斌，赵展慧. 大数据崛起 [N]. 人民日报，2013 – 22 – 20.

[6] 纳汉. "大数据"时代的计算机信息处理技术 [J]. 赵春雷，编译. 世界科学，2012 (2)：30 – 31.

[7] 陈一鸣. 美国：以国家战略应对大数据时代 [N]. 人民日报，2013 – 1 – 17.

[8] 张锋军. 大数据技术研究综述 [J]. 通信技术，2014，47 (11)：1240 – 1248.

[9] 李国杰，程学旗. 未来科技及经济社会发展的重大战略领域：大数据的研究现状与科学思考 [J]. 中国科学院院刊，2012 (06)：647 – 657.

[10] 孟小峰，慈祥. 大数据管理：概念、技术与挑战 [J]. 计算机研究与发展，2013，50 (1)：146 – 169.

[11] KLUBECK M. 大数据时代的企业管理 [M]. 北京：人民邮电出版社，2013.

[12] 巴拉巴西. 爆发：大数据时代预见未来的新思维 [M]. 马慧，译. 北京：中国人民大学出版社，2012.

[13] 涂子沛. 大数据：正在到来的数据革命 [M]. 桂林：广西师范大学出版社，2012.

3　大数据背景下智慧物流数据分类研究

随着大数据的广泛应用，数据的分类与整理成为智能化的重要依据。同样，在智慧物流中，对于智慧物流数据的分类与整理也是智慧物流发展与应用的重要部分。本章主要针对智慧物流中的数据按照不同的标准进行分类，从而使大数据背景下的智慧物流数据层次分明、条理清晰，使智慧物流数据分析更加简单，并为智慧物流进行运营和管理提供基础。

3.1　智慧物流数据分类框架

智慧物流是以物联网、云计算等先进技术为支撑，提升整个物流产业的基础设施、业务运营、管理决策和配套资源，通过物流各环节、各企业的无缝集成，实现物流全过程可自动感知识别、可跟踪溯源、可实时应对、可智能优化决策及技术、应用和管理方法的高度融合，促成更加精细、动态、科学的方式管理物流活动，进而提高生产力水平、资源利用率、企业管理水平和运营效率，增强企业的竞争力，实现低成本、高效率、优质服务、绿色环保等多元化发展目标。

随着数据的作用越来越明显，将智慧物流过程中海量的数据进行采集、存储和分析是将大数据应用到智慧物流中的关键。在进行智慧物流大数据处理之前，需要将智慧物流中的海量数据进行分类梳理，进而为大数据在智慧物流中的应用提供基础。本章将智慧物流数据按照商物控制数据、供应链物流数据和物流业务数据进行分类，从而实现对智慧物流数据进行分析整理的目的，智慧物流数据划分如图3-1所示。

智慧物流的作业对象是商品，智慧物流是商品的物流，智慧物流数据是流通的商品的数据。流通商品的物流即为商物，从流通商品物流这个宏观角度来分析智慧物流数据，能够得到各商品类的流量流向数据，并从宏观上了解智慧物流数据的大体情况，从而能够在宏观上对智慧物流数据进行分析。

供应链物流是将物流从供应链物流层面进行分析，是为了顺利实现与社会经济活动相关的物流系统，协调运作生产、供应活动、销售活动和物流活动，进行综合性管理的战略机能。将供应链物流作为智慧物流分类的中观标准，是将智慧

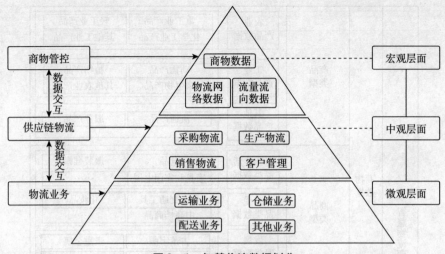

图 3 – 1　智慧物流数据划分

物流放在供应链网络中进行分析，是从中观上对智慧物流的数据进行进一步的梳理。

智慧物流也是由基本的物流业务组成，将智慧物流业务作为微观分类标准，可以从基础的物流业务出发，了解智慧物流的数据情况，得到每个业务的数据结果，从而从微观的角度得到智慧物流的基本情况。

3.2　大数据背景下智慧物流商物管控数据分类

智慧物流网络是一个复杂的网络系统，商品在网络中流通，就产生了智慧物流商物管控数据。智慧物流商物管控数据主要包括商物数据即流通商品的数据、物流网络数据和流量流向数据三个方面，如图 3 – 2 所示。

3.2.1　商物数据

1. 智慧物流产品数据

产品是指提供给市场，被人们使用和消费的任何东西，是流通商品中最重要的一部分。按照产品生产的行业不同，将智慧物流产品数据分为农业产品数据、工业产品数据和其他产品数据。

1) 智慧物流农业产品数据

农业产品就是农产品，是指来源于农业的初级产品，即在农业活动中获得的植物、动物、微生物及其产品。在这类数据中，主要将农业的不同产品的流量流向数据、各地供需数据、运输网络数据等进行汇总和分析。

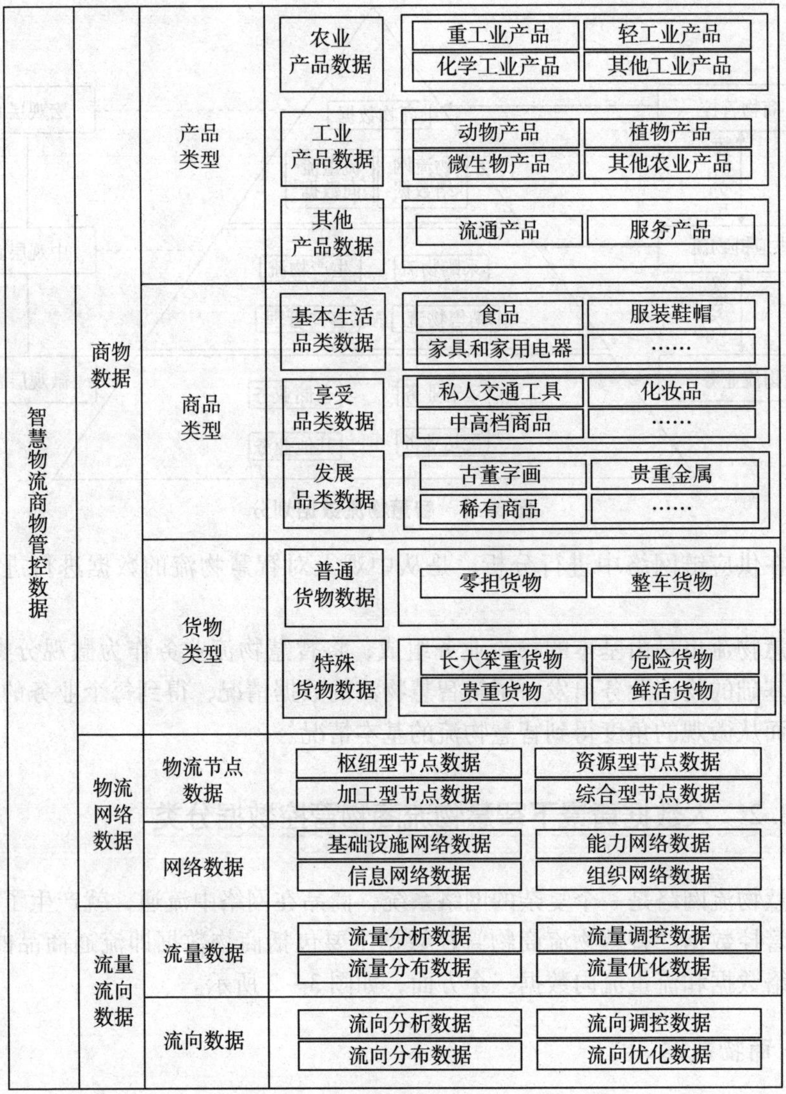

智慧物流商物管控数据	商物数据	产品类型	农业产品数据	重工业产品	轻工业产品
				化学工业产品	其他工业产品
			工业产品数据	动物产品	植物产品
				微生物产品	其他农业产品
			其他产品数据	流通产品	服务产品
		商品类型	基本生活品类数据	食品	服装鞋帽
				家具和家用电器	……
			享受品类数据	私人交通工具	化妆品
				中高档商品	……
			发展品类数据	古董字画	贵重金属
				稀有商品	……
		货物类型	普通货物数据	零担货物	整车货物
			特殊货物数据	长大笨重货物	危险货物
				贵重货物	鲜活货物
	物流网络数据	物流节点数据		枢纽型节点数据	资源型节点数据
				加工型节点数据	综合型节点数据
		网络数据		基础设施网络数据	能力网络数据
				信息网络数据	组织网络数据
	流量流向数据	流量数据		流量分析数据	流量调控数据
				流量分布数据	流量优化数据
		流向数据		流向分析数据	流向调控数据
				流向分布数据	流向优化数据

图 3-2　智慧物流商物数据分类

2）智慧物流工业产品数据

工业产品是指工业企业生产活动所创造的、符合原定生产目的和用途的生产成果，是在工业中生产的产品，主要有重工业产品、轻工业产品、化学工业产品和其他工业产品等。在这类数据中，主要将工业的不同产品的流量流向数据、各地供需数据、运输网络数据等进行汇总和分析。

3）智慧物流其他产品数据

其他产品是指农业产品和工业产品以外的产品，其中以服务业生产的产品为主，即服务产品，主要包括流通产品和服务产品等。在这类数据中，主要将在农业和工业以外生产不同产品的流量流向数据、各地供需数据、运输网络数据等进行汇总和分析。

2. 智慧物流商品数据

智慧物流商品的是指商品流通企业外购或委托加工完成、验收入库用于销售的各种产品。按照消费者的需求层次划分，将智慧物流商品数据分为基本生活品类数据、享受品类数据和发展品类数据等。

1）智慧物流基本生活品类数据

基本生活品是指维持我们基本生活的商品，按消费者的衣、食、住、用划分，有食品类、服装鞋帽类、日用品类、家具和家用电器类、纺织品类、五金电料类、厨具类等商品。在这类数据中，主要将基本生活品的流量流向数据、各地供需数据、运输网络数据等进行汇总和分析。

2）智慧物流享受品类数据

享受品是指消费者为了享受生活，提高生活质量而消费的商品，并不是生活必需品，一般价值较高，主要包括私人交通工具、化妆品、中高档生活用品等。在这类数据中，主要将享受品的流量流向数据、各地供需数据、运输网络数据等进行汇总和分析。

3）智慧物流发展品类数据

发展品是指消费者为了未来发展而消费的商品，主要包括古董字画、贵重金属、稀有商品等。在这类数据中，主要将发展品的流量流向数据、各地供需数据、运输网络数据等进行汇总和分析。

3. 智慧物流货物数据

货物主要是指经由运输部门或仓储部门承运的产品。货物主要是按照货物属性的不同来分类，智慧物流货物数据主要包括智慧物流普通货物数据和智慧物流特殊货物数据。

1）智慧物流普通货物数据

普通货物对运输车辆和运输组织没有特殊要求，主要包括零担货物和整车货物等。在这类数据中，将普通货物作为一个整体，来梳理其流量流向数据、各地供需数据、运输网络数据等数据。

2）智慧物流特殊货物数据

特殊货物是指对运输、装卸和保管有特殊要求的货物，主要包括长大笨重货物、危险货物、贵重货物和鲜活货物等。在这一类数据中，将以上四类数据的流量流向数据、各地供需数据、运输网络数据等进行汇总和分析。

3.2.2　物流网络数据

在物流过程中，商品一直存在于物流网络中，物流网络数据的分析对智慧物流数据的分析有重要作用。按照物流网络的组成要素，将物流网络数据分为物流节点数据和网络数据。

1. 物流节点数据

智慧物流中的物流节点主要包括枢纽型节点、资源型节点、加工型节点和综合型节点，因此，在智慧物流中的物流节点数据也分为这四个方面。

1）枢纽型节点数据

枢纽型节点是在交通枢纽附近的物流节点，这类物流节点的运输流量较大，枢纽型节点数据主要包括各运输方式的货物运输量、各运输方式的货物周转量，该节点的枢纽流量能力等数据。

2）资源型节点数据

资源型节点周围有大量的资源，因此，资源型节点数据除了包括货物运输量和货物周转量之外，还包括运输资源、设备资源、信息资源等数据。

3）加工型节点数据

加工型节点是指以加工作业为主要功能的物流节点，因此，加工型节点数据包括货物运输量、货物周转量、加工品品类数据、加工能力数据等。

4）综合型节点数据

综合型节点是集枢纽型、资源型和加工型为一身的节点，因此，综合型节点数据包括各种运输方式的货物运输量、各种运输方式的货物周转量、该节点的枢纽流量能力、运输资源、设备资源、信息资源、加工品品类数据、加工能力数据等数据。

2. 网络数据

根据网络主体的不同，将智慧物流中的网络数据分为基础设施网络数据、能力网络数据、信息网络数据、组织网络数据。

1）基础设施网络数据

基础设施网络数据主要是指智慧物流网络中的基础设施的基本信息，主要包括各类别基础设施数量、各类别基础设施使用状态、各类别基础设施采集数据、各类别基础设施网络优化数据等。

2）能力网络数据

能力网络数据主要是指智慧物流网络所具备的所有能力的数据，主要包括各运输方式的运输能力数据、流通能力数据、仓储能力数据、配送能力数据和其他能力数据等。

3）信息网络数据

信息网络是智慧物流网络中电子信息传输的通道，信息网络数据主要包括信息技术数据、信息共享数据、信息系统数据、信息资源数据。

4）组织网络数据

组织网络是指智慧物流网络中诸多要素按照一定方式相互联系起来的网络，组织网络数据主要包括网络层次数据、网络结构数据、组织管理数据、网络流程数据、组织安全性数据等。

3.2.3 流量流向数据

智慧物流网络与一般网络不同，在智慧物流网络中，货物是不断流通的，因此就产生了货物流量和流向数据。按照数据的作用不同，分别将流量和流向数据分为分析数据、调控数据、分布数据和优化数据。

1. 流量数据

流量数据主要是统计了智慧物流过程中和网络中在各环节的流量及相关的信息，主要包括流量分析数据、流量调控数据、流量分布数据、流量优化数据等。

1）流量分析数据

流量分析数据是指智慧物流网络中在各个节点流入与流出的数量，为调控和决策提供支持，主要包括各类货物在各个节点的流入量和流出量。

2）流量调控数据

流量调控数据是指根据流量分析数据，结合智慧物流网络的基础设施网络数据、能力网络数据、信息网络数据，同时按照实际情况，对流量进行人为调控而产生的数据。

3）流量分布数据

流量分布数据主要是指结合区域信息，将流量分析数据进行地域分布归类，进而产生的流量分布数据，如某一品类的货物在各省、市、自治区及其他地区的流量等。

4）流量优化数据

流量优化数据是指结合流量分析数据，利用优化方法、优化模型或其他优化手段，对采集到的流量数据进行优化而产生的数据。

2. 流向数据

流向数据主要描述了货物在智慧物流网络中的来源和去向，是分析智慧物流数据的重要基础数据。流向数据主要包括流向分析数据、流向调控数据、流向分布数据、流向优化数据。

1）流向分析数据

流向分析数据是指各品类货物在智慧物流网络中的各个节点流通的方向，描述的主要是货物的来源和去向，结合流量数据，就组成了整个智慧物流网络的基本数据。

2）流向调控数据

流向调控数据主要是指根据流向分析数据，结合智慧物流网络的物流网络数据，同时根据实际情况，对流向进行调整和控制而产生的数据。

3）流向分布数据

流向分布数据是指结合地域信息，将流向分析数据进行地域分布归类，进而产生的流向分布数据，如某一品类的货物在网络中的某一节点流向其他节点的数据。

4）流向优化数据

流向优化数据也是指结合流向分析数据，利用优化方法、优化模型或其他优化手段，对采集到的流向数据进行优化而产生的数据。

3.3 大数据背景下智慧供应链物流数据分类

按照智慧物流数据划分的中观层次，即供应链层次，将物流放在供应链中分析，根据供应链的不同环节，智慧物流供应链数据分为采购物流数据、生产物流数据、销售物流数据和客户数据，如图 3-3 所示。

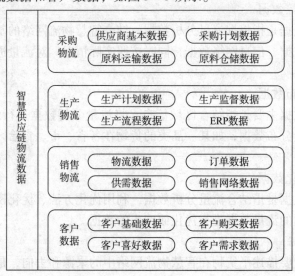

图 3-3　智慧供应链物流数据分类

3.3.1　采购物流数据划分

采购物流数据主要指包括原材料等一切生产物资在采购、进货运输、仓储、库存管理、用料管理和供应管理过程中产生的数据，按照智慧物流采购物流的流程，智慧物流采购物流数据主要包括供应商基本数据、采购计划数据、原料运输数据、原料仓储数据，如图 3 – 4 所示。

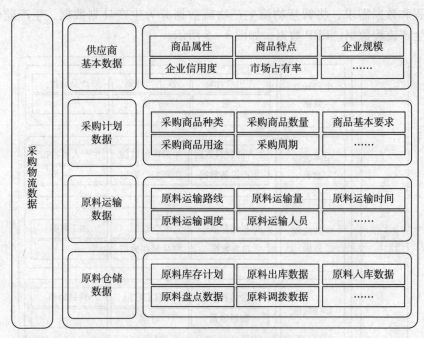

图 3 – 4　采购物流数据分类

1. 供应商基本数据

供应商基本数据是指供应商企业提供的基础数据，主要包括所供应商品的基本信息，如商品属性、商品特点等信息，同时还有供应商的基本信息，如企业规模、企业信用度和市场占有率等数据。

2. 采购计划数据

采购计划数据是指采购部门根据销售计划和生产计划制订的原材料或者零部件的采购计划，主要包括采购商品种类、采购商品用途、采购商品数量、商品基本要求、采购周期等数据。

3. 原料运输数据

原料运输数据是指在采购物流中原料运输产生的数据，主要包括原料运输路线、原料运输量、原料运输时间、原料运输调度、原料运输人员等数据。

4. 原料仓储数据

原料仓储数据主要是指采购物资的库存数据，包括原料库存计划、原料出库数据、原料入库数据、原料盘点数据、原料调拨数据等信息。

3.3.2 生产物流数据划分

生产物流数据是生产工艺中的物流活动产生的数据，按照智慧物流生产物流的流程和数据需求，将智慧物流生产物流数据分为生产计划数据、生产监管数据、生产流程数据、ERP 数据，如图 3-5 所示。

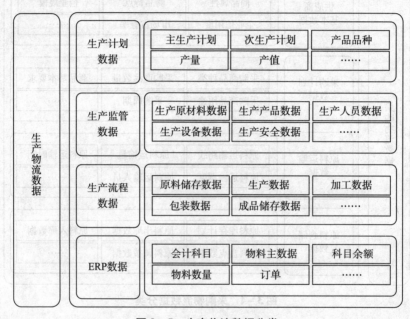

图 3-5　生产物流数据分类

1. 生产计划数据

生产计划是关于企业生产运作系统总体方面的计划，是企业在计划期应达到的产品品种、质量、产量和产值等生产任务的计划和对产品生产进度的安排。生产计划数据主要包括主生产计划和次生产计划等。

2. 生产监管数据

生产监管是指对企业生产活动进行监督和管理，在这个过程中，会产生大量的数据，主要包括生产原材料数据、生产产品数据、生产人员数据、生产设备数据、生产安全数据等。

3. 生产流程数据

生产流程数据是指生产物流的流程数据，一般生产物流流程为原材料、零部件、燃料等辅助材料从企业仓库和企业的"门口"开始，进入到生产线开始端，再进一步随生产加工过程各个环节运动，在运动过程中，本身被加工，同时产生一些废料、余料，直到生产加工终结，再运动至成品仓库。这部分数据主要包括原料储存数据、生产数据、加工数据、包装数据、成品储存数据等。

4. ERP 数据

ERP 是一种企业管理系统，其中包括企业的所有数据。ERP 数据简单分成两大类：静态数据（主数据）和动态数据（业务数据）。其中静态数据包括会计科目（总账科目、供应商、客户、固定资产等）、物料主数据、项目、人员编号等，动态数据包括科目余额、物料数量、订单、会计凭证等。

3.3.3　销售物流数据划分

销售物流数据是指生产企业、流通企业出售商品时，物品在供方与需方之间实体流动的过程中所产生的数据，主要包括物流数据、供需数据、订单数据、销售网络数据等，如图 3-6 所示。

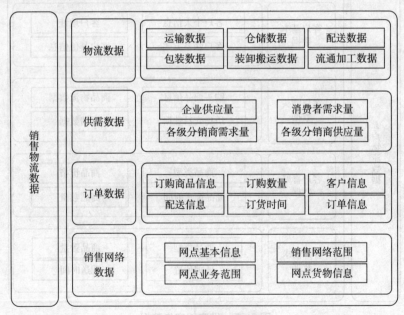

图 3-6　销售物流数据

1. 物流数据

这里的物流是指传统物流，即将货物销售到客户手中的商品流通行为。在这个过程中，包括物流最基础的核心业务和辅助业务。物流数据包括运输数据、仓储数据、配送数据、包装数据、装卸搬运数据和流通加工数据等。

2. 供需数据

供需数据是指在销售过程中，供方和需方的基础数据，主要是指企业的供应量和消费者的需求量及各级分销商的需求量和供应量等。

3. 订单数据

订单数据是指客户通过互联网或者其他渠道订购商品的单据数据，主要包括订购商品信息、订购数量、客户信息、配送信息、订货时间、订单信息等信息。

4. 销售网络数据

销售网络数据是指企业分销网点形成的销售网络数据，主要包括网点基本信息、销售网络范围、网点业务范围、网点货物信息等数据。

3.3.4 客户数据划分

供应链客户数据是指产品最终到达的客户所具有或产生的数据，主要包括客户基本数据、客户购买数据、客户喜好数据、客户需求数据，如图3-7所示。

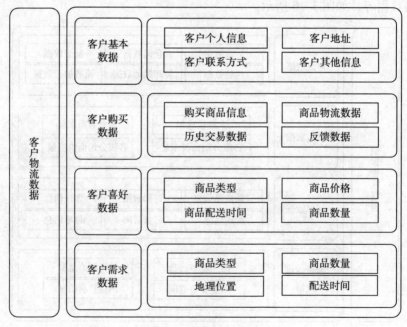

图3-7 供应链客户数据

1. 客户基本数据

客户基本数据是指购买商品的客户的基本数据，主要包括客户个人信息、客户地址、客户联系方式、客户其他信息等。

2. 客户购买数据

客户购买数据是指客户购买商品时产生的数据，主要包括购买商品信息、商品物流数据、历史交易数据、反馈数据等数据。

3. 客户喜好数据

客户喜好数据是指客户基本数据和客户购买数据，通过大数据分析，进而得到的每个客户的喜好数据，主要包括商品类型、商品价格、商品配送时间、商品数量等。

4. 客户需求数据

客户需求数据是指通过前面三项数据，进而得到总体的客户群的需求数据，主要包括商品类型、商品数量、地理位置、配送时间等数据。

3.4　大数据背景下智慧物流业务数据分类

智慧物流业务是智慧物流的微观分类标准，物流业务是智慧物流的重要组成部分，通过研究每个物流业务，可以从微观的角度了解智慧物流的数据，从内部梳理智慧物流的数据。基于物流信息的分类方法，根据各业务过程中数据作用的不同，将智慧物流中纷繁复杂的业务数据进行进一步分类，如图3-8所示。

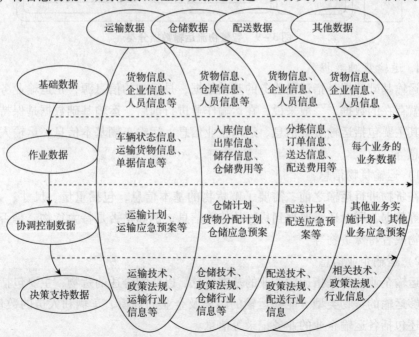

图3-8　智慧物流业务数据分类

3.4.1 运输数据类划分

运输业务作为智慧物流的核心业务，其进行过程中的数据较多，按照其作用的不同，分为运输基础数据、运输作业数据、运输协调控制数据和运输决策支持数据等四类，如图3-9所示。

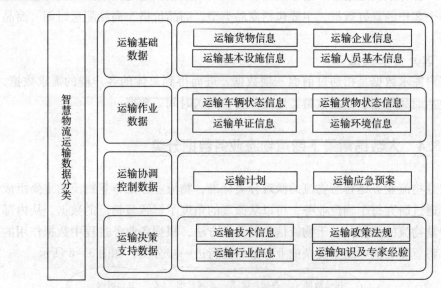

图3-9　智慧物流运输数据分类

1. 运输基础数据

运输基础数据是指运输业务的基础数据，是最初的信息源，是运输业务开始之前就存在的数据，一般来说，在运输作业进行前后，运输基础数据是保持不变的，其主要包括运输货物信息、运输企业信息、运输车辆基本信息、运输人员基本信息等。

1）运输货物信息

在货物进行运输之前，需要了解货物的基本信息，包括重量、尺寸、大小、数量等数据，同时还需要得到货物的特殊信息，例如是否是特大货物、是否是危险货物或者特殊货物等。

2）运输企业信息

运输企业信息是指运输企业的基本信息，以匹配合适的货物，主要包括各企业能够运输的货物类型、能够运输的距离及企业的规模、车辆和人员的数量等，同时还包括各运输企业的业务记录等信息。

3）运输基本设施信息

运输基本设施信息是指各企业的运输车辆等设施或者车主的运输车辆的基本信息，主要包括运输车辆信息、运输设备信息、道路设施信息、运输历史记录等。

4）运输人员基本信息

运输人员主要是指车辆的司机，有时在运输过程中除了司机还需要其他人员，这些人员的信息也在这个范围内。司机的基本信息主要包括司机的驾驶年龄、违规违章记录、身体健康情况、历史作业信息等，而其他人员信息主要包括身体健康情况、历史作业信息及技术能力等方面的信息。

2. 运输作业数据

运输作业数据是指在智慧物流仓储过程中产生的信息。该信息与运输基础信息不同，具有波动性大、动态性等特点，只有发生运输作业才会产生运输作业数据，可以通过物联网技术对这类数据进行采集。运输作业数据主要包括运输车辆状态信息、运输货物状态信息、运输单据信息、运输环境信息等。

1）运输车辆状态信息

运输车辆状态信息是指货物在运输过程中，利用物联网技术或者其他技术采集的运输车辆的实时信息，主要包括车辆位置信息、车辆安全信息等，对于特殊货物来说，还应该包括能使货物完好的特殊信息，例如车辆内部温度、湿度等方面的信息。

2）运输货物状态信息

运输货物状态信息是指货物在运输过程中的实时信息，在运输车辆出发后，每个特定的时间都要检测货物的实时状态信息，主要包括货物的安全信息、货物的地理位置等。

3）运输单证信息

运输单证通常是指表示运输中的货物或证明货物已经付运的单据。运输单证中反映了运输双方的信息、运输工具的信息、运输地点、单据号码、货物信息及运输费用等相关信息，主要包括单证基本信息、运输双方信息、运输费用信息和运输车辆信息等。

运输单据根据运输方式的不同而不同，包括海洋运输使用的提单、铁路运输使用的铁路运单、航空运输使用的航空运单、邮包运输使用的邮包收据、多式联合运输使用的联合运输提单或联合运输单据。

4）运输环境信息

运输环境是指货物在运输过程中外界的环境，运输环境信息主要包括运输过程中的道路信息，如道路拥堵程度、道路设施安全信息，还包括自然环境的信息，如天气信息等。

5）运输起始及完成信息

运输起始及完成信息主要是指货物运输开始和完成时所产生的数据，起始信息包括运输起始地点、起始时间、货物起始状态、车辆起始状态等，完成信息包括运输完成地点、完成时间、货物完成状态、车辆完成状态等。

3. 运输协调控制数据

运输协调控制数据主要指运输业务中，将基础数据和决策支持数据进行分析建模，从而得到的调度数据和计划数据，主要包括运输计划、运输调整方案、运输应急调预案数据。

1）运输计划

运输计划是指了解货物运输需要的基本信息之后，做出的全面的运输全过程的计划，主要包括运输路线、运输方式、运输人员、运输时间等方面的内容，按照编制期限可分为长远计划、年度计划和月度计划。

2）运输调整方案

运输调整方案是指货物在运输的过程中，系统采集的货物、运输车辆或运输路线等道路信息与之前的信息出现较大出入，而对运输计划进行调整的方案。运输调整方案包括运输线路调整、运输车辆调整、运输方式调整等不同的调整方案。

3）运输应急预案

在运输过程中，不可避免地会发生意外事件，因此，会出现运输应急预案，以及时应对突发的事件。运输应急预案主要包括重大事故应急预案、突发事故应急预案、灾害应急预案等。

4. 运输决策支持数据

运输决策支持数据主要是指能对运输计划、调度方案和应急预案具有影响或有关的统计信息或有关的宏观信息，对于智慧物流来说是至关重要的。因为这类信息是智慧物流自动化、智能化的重要依据。该类信息并不是运输作业的内部数据，而是与运输作业相关的外部数据，主要包括运输技术信息、运输政策法规、运输行业信息、运输专家知识及经验等方面的数据。

1）运输技术信息

运输技术按照运输方式不同，可以分为海洋运输技术、内河运输技术、公路运输技术、铁路运输技术、空中运输技术、管道运输技术、吊装技术及各运输机械驾驶技术；按照产生动力方式不同，可以分为核动力技术、石油动力技术、醇动力技术、电动力技术、风动力技术、潮汐能动力技术及各种新式能源动力技术。

运输技术信息不仅包括以上的技术信息，还包括运输基础设施、运输信息技术等方面信息。

2）运输政策法规

运输政策法规是制定运输调度和作业计划的基础，具有指导作用。按照中国交通运输协会的分类，运输政策法规分为陆运法规、海运法规、空运法规、物流法规、海关公告、税收税务、国际公约和贸易法规等。

3）运输行业信息

运输行业信息是指在运输行业中产生的宏观性数据或重要的行业消息，主要包括运输行业重要资讯、运输行业分析报告、运输市场竞争报告、运输市场需求信息等。

4）运输知识及专家经验

运输知识是与运输相关的基本知识，专家经验则是运输行业的专家多年实践得到的宝贵数据，这两者可以为运输计划制订或其他决策提供基本的知识和经验。在智慧物流中，运输知识和专家经验是系统自动提供方案的最主要的依据。

3.4.2 仓储数据类划分

仓储业务是智慧物流业务中的静态业务，主要业务内容包括将产品及相关信息在进行分类、挑选、整理、包装加工等生产活动后，集中到相应场所或空间进行保存。在这个过程中会产生很多数据，如货物进行仓储之前的基础数据、仓储时产生的数据和其他外部数据等，根据这些数据作用的不同，可以分为仓储基础数据、仓储作业数据、仓储协调控制数据和仓储决策支持数据，如图 3 - 10 所示。

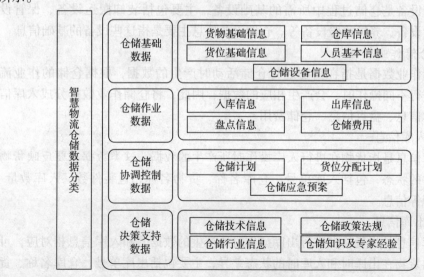

图 3 - 10　智慧物流仓储数据类分类

1. 仓储基础数据

仓储基础数据是货物或仓库等与仓储作业相关的主体在仓储活动之前就已经产生的数据，按照主体的不同，可以分为货物基础信息、仓库信息、货位基础信息和人员信息。

1）货物基础信息

这类信息和运输基础信息中的货物信息相似，但是这类货物是指要进行仓储作业的货物，而不是要进行运输作业的货物，货物基础信息主要包括货物的重量、尺寸、大小、数量等，同时还需要提供货物仓储所需要的信息，如货物的体积、储存条件等。

2）仓库信息

仓库信息是指各仓库的基本信息，如仓库的地理位置、仓库容量、仓库属性、是否能够储存特殊货物、仓库结构、仓库基本设施等。

3）货位基础信息

货位是指货物入库时分配的在仓库中的具体位置，货位基础信息主要提供了还能够储存货物的数量和属性，主要包括货物吞吐速度、货位数量、货位分布情况等。

4）人员基础信息

人员基础信息是仓储作业人员的个人信息，是体现该仓储作业能否顺利完成和完成质量的重要指标，主要包括人员技能、人员职务、人员历史工作记录、人员工作出错情况等数据。

5）仓储设备信息

仓储设备是仓储过程中所需的基础设备，主要包括装卸搬运设备、保管设备、计量设备、养护检验设备等。仓储设备信息主要是指这些设备的基础信息。

2. 仓储作业数据

仓储作业数据是指在货物进行仓储活动时产生的数据，根据仓储的作业流程，在进行不同操作时，会产生相应的数据，因此，将仓储作业数据分成入库信息、出库信息、盘点信息、仓储费用。

1）入库信息

入库信息是指货物在进行入库操作时所产生的数据，这类数据主要反映货物在入库时的状态，包括入库单号、仓库名称、货物名称、包装件数、入库数量、入库体积等信息。

2）出库信息

出库信息是指货物在进行出库操作时所产生的数据，和入库信息相对应，可以对比出货物在出库时和入库时的状态差异，主要包括出库单号、仓库名称、货物名称、包装件数、出库数量、出库体积等数据。

3）盘点信息

盘点是指定期或临时对库存商品的实际数量进行清查、清点的作业，即为了掌握货物的流动情况，将仓库现有物品的实际数量与保管账上记录的数量相核对，以便准确地掌握库存数量。盘点信息主要包括货物在库数量、在库商品质量、保管条件、库存安全状况等。

4）仓储费用

仓储费用是指货物在进行仓储作业之后，所需要支付的仓储费用，一般仓储费用需要用仓库租赁费用、储存时间、货物储存面积等数据来计算。

3. 仓储协调控制数据

仓储协调控制数据是指货物在进行仓储作业之前，经过对各种基础数据、外部数据进行统计、分析、计算而得出的货物仓储过程的全过程计划，同时需要对货物在仓储过程中遇到的所有业务环节进行预测并提出应对方案，主要包括仓储计划、货位分配计划和仓储应急预案。

1）仓储计划

仓储计划是指货物进行仓储作业之前，对于仓储模式、仓储设施、储存空间、信息管理系统等进行决策及设计，该计划要包括货物从入库、储存到最终出库的全过程，主要包括货物出入库计划、货物储存保管计划、货物维护保养计划、仓库劳动力安排计划等。

2）货位分配计划

货位分配是指在储存空间、储存设备、储存策略、储位编码等一系列前期工作准备就绪之后，用什么方法把货品分配到最佳的货位上。在智慧物流中，一般采用计算机自动分配的方式来进行，因此货位分配计划主要包括货位信息、货位分配结果等。

3）仓储应急预案

仓储作业进行过程中，也有可能发生突发情况，如操作失误、设备故障甚至自然灾害，仓储应急预案就是提供在这些情况下的应对措施，主要包括事故应急预案、灾害应急预案、设备故障应急预案等。

4. 仓储决策支持数据

仓储决策支持数据是体现智慧物流仓储过程的数据，通常这些数据都是不在仓储数据中的，但是由于智慧物流能够自动、智能地提出仓储协调控制类数据，因此，这类数据是智慧物流仓储业务中的数据与普通仓储业务最大的不同之处。仓储决策支持数据主要包括仓储技术、仓储政策法规、仓储行业信息和仓储知识及专家经验。

1）仓储技术

仓储技术是指仓储过程中需要用到的硬技术和软技术。硬技术是指设备、设施或工具等硬件或需要用到这些硬件的技术，软技术是指进行仓储操作所需要的操作方法、计算方法、信息技术等。按照作用的不同，仓储技术可以分为仓储物资保管技术、仓库库存控制技术、仓储信息技术、仓储设施设备等。

2）仓储政策法规

由于仓储和运输相比，没有方式的划分，因此仓储的政策法规只能按照政策法规的种类来分类，可以分为仓储相关法律、仓储相关法规、仓储相关政策等。

3）仓储行业信息

行业信息的重要性在前文中已经说明，因此，仓储行业信息作为仓储决策支持数据的一类，可以分为仓储行业重要资讯、仓储行业分析报告、仓储市场竞争报告、仓储市场需求。

4）仓储知识及专家经验

仓储知识及专家经验的分类方法和运输知识及专家经验一样，可以分为仓储知识和仓储专家经验。

3.4.3 配送数据类划分

配送是物流的最后一个环节，在智慧物流中，利用物联网等先进技术及时获得交通信息、用户需求等因素的变化情况，制订动态配送方案，完成高效率、高品质的配送。智慧物流配送数据就是在这个过程中产生的数据，可以分为配送基础数据、配送作业数据、配送协调控制数据和配送决策支持数据，如图 3−11 所示。

图 3−11　智慧物流配送数据类分类

1. 配送基础数据

配送基础数据是指配送活动的基础数据，是在配送准备活动开始之前就产生的数据。根据数据的主体不同，可以分为配送货物信息、配送企业信息、配送车辆基本信息和配送人员信息。

1）配送货物信息

配送货物信息是指要进行配送业务的货物的基本信息，根据配送业务的特点，配送货物的基本信息包括货物的重量、尺寸、大小、数量，还包括货物的配送条件等。

2）配送企业信息

配送企业信息包括各企业能够配送的货物类型、能够配送的范围及企业的规模、车辆和人员的数量等，同时还包括各配送企业的业务记录等信息。

3）配送设备基本信息

配送设备基本信息主要包括配送车辆、分拣配货设备、配送中心等信息。

4）配送人员信息

配送人员信息主要包括配送人员的违规违章记录、身体健康情况、历史作业信息等信息。

5）配送道路信息

配送可能经过道路的基本信息也是配送基本信息的一种，根据这类信息，可以得到配送路径最短或者配送时间最短的配送线路。配送道路信息主要包括道路是否通畅、道路拥堵情况等信息。

2. 配送作业数据

配送作业数据是指在配送作业进行过程中产生的数据，以便对配送过程进行实时控制。通过分析配送业务流程，可以把配送作业数据分为订单信息、分拣信息、送货信息、送达信息。

1）订单信息

订单是收货人向货物的供应者发出的订货凭据，是配送过程的重要的凭据，主要包括订单号、下单时间、货物信息、配送地点、预约配送时间等内容。

2）分拣信息

分拣信息是指在配送过程中进行分拣操作所产生的数据，配送分拣的方式通常有订单拣取、批量拣取及复合拣取三种方式，因此，将分拣信息分为订单拣取信息、批量拣取信息及复合拣取信息三类。

3）送货信息

这类信息是指配送业务在最主要的阶段，即货物出发到送达的过程中的信息，主要包括位置信息、安全信息等反映货物配送状态的信息。

4）送达信息

货物送达信息是指货物送到收货人手中的信息，主要包括送达时间、接货人、送达地点、反馈信息等信息。

3. 配送协调控制数据

配送协调控制数据是指配送活动之前做出的配送计划和应急预案，根据在配送实际过程中的数据采集，可以对配送计划进行实时调整，同时，在遇到紧急情况时，可以启动应急预案，来应对突发状况。

1）配送计划

配送计划是指配送企业在一定时间内编制的生产计划。它是配送中心生产经营的首要职能和中心环节。配送计划的主要内容应包括配送的时间、车辆选择、货物装载及配送路线、配送顺序等的具体选择。配送计划一般包括配送主计划、日配送计划和特殊配送计划。

2）配送应急预案

配送应急预案是指在配送过程中，突发事件发生时采取的应对措施，主要分为设备故障应急预案、事故应急预案、灾害应急预案等。

4. 配送决策支持数据

配送决策支持数据不是在配送过程产生的数据，而是外部提供的数据，以便智慧物流系统可以制订最优的配送计划，并实时进行调整。配送决策支持数据主要包括配送技术、配送政策法规、配送行业信息和配送知识及专家经验。

1）配送技术

配送技术是指配送活动中所采取的各种技术，是构成配送中心保障力的重要因素，是实现配送规模作业的手段和技术保证，是衡量配送中心现代化水平高低的重要标志。配送技术主要包括配送基础设施、配送操作方法、配送中心管理技术、配送信息技术等方面的技术。

2）配送政策法规

配送业务较运输和仓储而言，过程较短，因此相关的政策法规较少，因此，配送政策法规主要指物流业发展及相关政策法规。

3）配送行业信息

配送行业信息主要是指配送行业分析报告、配送市场竞争报告、配送市场需求及配送行业重要信息。

4）配送知识及专家经验

在智慧物流中，由于大部分操作都是系统自动进行，而配送又是物流过程中的最后一个环节，因此，配送知识及专家经验的作用格外明显，配送知识及专家经验主要分为配送知识和专家经验。

3.4.4 其他业务数据类划分

在智慧物流中，除了运输、仓储和配送这三大核心业务之外，还有包装、流通加工和装卸搬运这三个辅助业务，根据不同的货物类型，这三个业务的重要性不同，这三个业务只是对物流业务提供辅助支持，因此，将这三个业务归为其他业务类。在智慧物流其他业务数据类中，根据数据的作用不同，将其分成其他业务基础数据、其他业务作业数据、其他业务协调控制数据和其他业务决策支持数据，如图3-12所示。

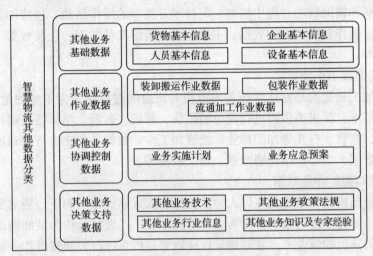

图3-12 智慧物流其他业务数据分类

1. 其他业务基础数据

其他业务基础数据是三个辅助业务活动的基础。这三个业务中，设备的作用尤为重要，因为越是细小的操作，越需要精细的设备。因此，其他业务基础数据主要包括货物基本信息、企业基本信息、人员基本信息和设备基本信息。

1）货物基本信息

货物基本信息是指需要进行装卸搬运、包装、流通加工等操作的货物数据，主要包括重量、尺寸、大小、数量等基本信息。

2）企业基本信息

企业基本信息是指提供以上三类业务的企业的基本信息，主要包括能够承担的业务类型、历史作业记录、企业的规模、设备和人员的数量等。

3）人员基本信息

人员基本信息是指进行业务操作的人员信息，主要包括人员的工作经验、操作失误记录、身体健康情况、历史作业信息等信息。

4）设备基本信息

设备基本信息是指能够进行业务操作的设备信息，如装卸搬运器械等，主要包括设备的类型、设备功能、应用范围及主要特色等信息。

2. 其他业务作业数据

其他业务作业数据是指在包装、流通加工、装卸搬运作业进行的过程中产生的数据，可以将其分为包装作业数据、流通加工作业数据和装卸搬运作业数据。

1）包装作业数据

包装作业是指在物流过程中，为了保护产品，方便储运，促进销售，在采用容器、材料和辅助物的过程中施加一定技术方法等的操作活动。包装作业数据是指在进行包装作业时产生的数据，主要包括包装前准备数据、包装数据、包装后整理数据等。

2）流通加工作业数据

流通加工是指商品在从生产者向消费者流通的过程中，为了增加附加价值，满足客户需求，促进销售而进行简单的组装、剪切、套裁、贴标签、刷标志、分类、检量、弯管、打孔等加工作业。流通加工作业数据是指在进行流通加工作业时产生的数据，主要包括流通数据、加工数据等。

3）装卸搬运作业数据

装卸是指物品在指定地点以人力或机械装入运输设备或卸下。搬运是指在同一场所内，对物品进行水平移动为主的物流作业。二者结合称为装卸搬运，是物流活动中的辅助物流业务。装卸搬运作业数据是指在进行装卸搬运作业时产生的数据，主要包括装车数据、卸车数据、搬运数据等。

3. 其他业务协调控制数据

协调控制数据是基于基础数据，借助决策支持数据，进而制订的包装、流通加工、装卸搬运业务实施的计划和应急预案，来为物流活动提供依据，在智慧物流中，这部分数据是系统自动生成的，不需要借助人来操作。

1）业务实施计划

根据货物的不同性质，需要为货物制订不同的物流计划，根据业务的不同，可以分为装卸搬运计划、包装计划、流通加工计划。

2）业务应急预案

在智慧物流背景下，按照业务的不同，应急预案可以分为包装应急预案、流通加工应急预案和装卸搬运应急预案。

4. 其他业务决策支持数据

其他业务决策支持数据是指为包装、流通加工、装卸搬运业务提供决策支持的数据，可以分为其他业务技术、其他业务政策法规、其他业务行业信息和其他业务知识及专家经验。

1）其他业务技术

根据技术的分类，一般技术分为关于硬件的设备、设施、工具等和关于软件的操作方法、信息技术、优化方法等。在这类数据中，将包装、流通加工、装卸搬运归为一大类，将这类数据分为基础设施、操作方法、信息技术和优化方法等。

2）其他业务政策法规

在政策法规方面，针对不同的业务，有不同的政策法规进行约束，因此，其他业务政策法规可分为包装政策法规、流通加工政策法规和装卸搬运政策法规。

3）其他业务行业信息

在这类信息中，主要包括三个业务的行业重要咨询、行业分析报告、市场竞争报告、市场需求等信息。

4）其他业务知识及专家经验

其他业务知识及专家经验主要包括业务知识和专家经验。

3.5 本章小结

本章主要对智慧物流数据进行分类研究，从而实现对智慧物流大数据的梳理。从宏观、中观、微观三个层面分析设计了智慧物流数据层次。按照智慧物流商物数据、智慧物流供应链数据和智慧物流业务数据三个层面进行分类。在每一类数据中，按照该类数据的特点进行进一步的分类研究，进而可以实现对智慧物流数据宏观、中观、微观三个维度的分析和汇总。

参考文献

[1] 徐永林. 昆明铁路局物资系统构建现代物流体系研究［D］. 成都：西南交通大学，2012.

[2] 盈利. 企业竞争优势的新源泉：物流竞争［J］. 中国西部科技，2005（3）：56 – 57.

[3] 董青梅. 强势的可持续发展与中国的应对［J］. 中国西部科技，2005（13）：58 – 59.

[4] 王秋红. 铁路车辆段内部物流管理的研究［D］. 北京：北京交通大学，2008.

[5] 李志权. 企业供应物流中循环取货的运作及成本节省研究［D］. 长沙：中南大学，2008.

[6] 李家智. 铁路局物资企业发展现代物流的路径探析［D］. 北京：北京交通大学，2008.

4　大数据背景下智慧物流信息技术研究

 ## 4.1　大数据背景下智慧物流信息技术概述

智慧物流要求具备信息化、数字化、网络化、集成化、可视化等先进技术特征。最新的编码、定位、数据库、无线传感网、卫星技术等高新技术的应用会产生海量数据，贯穿物流全过程。如何挖掘和分析这些海量数据，挖掘有价值的数据，提高智慧物流效率，是智慧物流大数据战略的核心所在。依据大数据的物流信息处理流程，大数据背景下的智慧物流信息技术主要分为以下五个方面：

1. 智慧物流信息捕捉技术

除使用传统的 RFID、条码技术及 GPS、GIS 等信息采集技术外，在大数据环境下，还需要利用营销数据捕捉、信息检索与 Web 搜索数据捕捉等技术，为智慧物流提供最基本的技术支撑，奠定数据基础。

2. 智慧物流信息推送技术

通过采用移动通信网络、互联网、无限传感网等网络传输技术为信息推送提供硬件保障，同时在大数据环境下，还包括基于供应链的准时制物流信息推送技术，基于商品的智能信息推拉技术，可靠的数据传输技术与先进的信息推送技术，为智慧物流提供了可靠的信息保障。

3. 智慧物流信息处理技术

通过建立智慧物流数据仓库，构建物流云计算平台，对物流信息实时处理，完成智慧物流信息的存储、计算与实时流处理，为智慧物流提供完备的数据准备。

4. 智慧物流信息分析技术

通过对物流数据进行关联分析、聚类分析等数据挖掘，可以实现物流客户关系分析、商品关联分析、物流市场信息聚类分析等功能，为智慧物流的运营与发展提供有效的分析与决策。

5. 智慧物流信息预测技术

利用完备的数据基础和先进的运营理念，在大数据信息预测技术的基础上，可以实现物流配送路线优化、物流预测性运输、仓储预测与动态管理等，真正有效地帮助物流企业制定决策。

大数据背景下的智慧物流信息技术框架如图 4 - 1 所示。

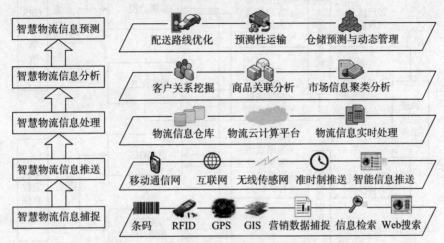

图 4 - 1　大数据背景下的智慧物流信息技术框架

4.2　智慧物流信息捕捉技术

在智慧物流过程中，及时、准确地掌握货物在物流链中的相关信息是实现物流信息化的核心之一，物流信息能否实时、方便、准确地捕捉并且及时有效地进行信息传递，将直接影响整个物流系统的效率及物流信息化的发展。

4.2.1　传统物流信息捕捉

传统物流信息捕捉主要是基于供应链角度的信息采集，主要包括条码技术、RFID 技术、GPS、GIS 技术等。

条码技术实现了物流信息的自动扫描，为供应链管理提供了有力的技术支持，方便了企业物流信息系统的管理。RFID 技术为物流全程感知奠定了基础，它的发展和应用推广将是自动识别行业的一场技术革命，同时它在智慧物流领域中的运用将为物流行业的发展带来巨大变化。

智慧物流通过 GPS、GIS 技术，完成车辆调度与路线规划、车辆的路径导航、车辆的实时监控的技术需求，并根据终端反馈的信息，对订单来源、客户分布规律等进行分析，挖掘潜在客户，对车辆的历史轨迹、行车里程、油耗等进行分析，为决策管理提供依据。将 GPS 与 GIS 相关技术引入智慧物流配送中来，充分发挥两者的位置信息优势和空间分析功能，可以建立一个完善的、高效的智慧物流配送系统，如图 4 - 2 所示。

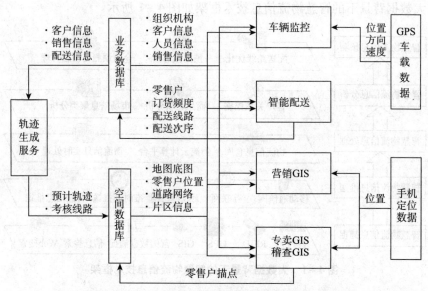

图 4 - 2 应用 GPS、GIS 技术的智慧物流配送系统

4.2.2 智慧物流信息捕捉

大数据背景下的现代智慧物流信息捕捉技术，是基于物品商品类型、物流业务角度的信息捕捉，是针对更广域的超大体量数据环境下，如企业营销数据、信息检索与 Web 搜索数据等，对智慧物流中的商品数量分布、需求分布、商品来源等海量信息进行捕捉。

1. 企业营销数据捕捉

1）技术构成

企业营销数据主要来自企业内部，包括联机交易数据和联机分析数据等。传统的企业营销数据价值密度高，是历史的、静态的数据，但利用先进的大数据技术可以完成对数据的实时捕捉。依托大型企业营销平台，通过对实时数据源的处理和存储，充分掌握并利用其商流、货流信息，对商品物品的交易数量、地域分布、销售额等信息进行捕捉，为可视化大数据条件下的智慧物流现状分析及未来趋势预测奠定基础。企业营销数据捕捉基本流程如图 4 - 3 所示。通过对企业营销数据源的实时流数据进行计算、存储、查询等，形成商品类型、商品数量、客户分布、交易量、交易额等基于企业营销的数据产品。

2）应用模式

以阿里巴巴农产品物流为例，通过对阿里各平台上海量的农产品交易和服务

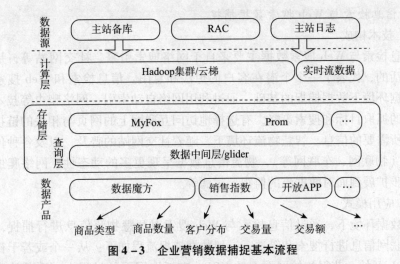

图4-3 企业营销数据捕捉基本流程

数据的捕捉,以及相关案例挖掘与分析,实现了阿里平台上的农产品交易额、农产品类目分布及增长率、农产品销售省区分布及增长变化、农产品单品销量排行等数据整合与分析,最终建立农产品销售地图,如图4-4所示。

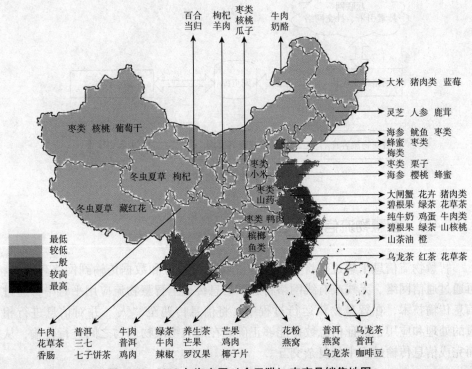

图4-4 2013年淘宝网(含天猫)农产品销售地图

2. 信息检索与 Web 搜索数据捕捉

1）技术构成

信息检索与 Web 搜索数据主要来自于网络搜索引擎、社交网站等，是海量的、鲜活的，代表了一个个潜在客户的想法和意图。信息检索和 Web 搜索是广域的数据环境下数据捕捉的基础，通过利用网络自动索引、网络爬虫等技术，根据既定的抓取目标和搜索策略，有选择地访问互联网上的网页与相关的链接，最终获取所需要的信息。智慧物流环境下，随着社交网站的普及，以及各种传感网的建立（物联网、车联网等），物流信息数据呈现更多的动态性，网络爬虫的范畴也逐步扩展到面对数据流的监视、过滤等。

2）应用模式

大数据环境下，通过信息检索与 Web 搜索对智慧物流信息进行捕捉，对海量的互联网信息进行搜索和筛选，一般数据捕捉流程如下：从一个或若干初始网页的 URL 开始，获得初始网页上的 URL，在抓取网页的过程中，不断从当前页面上抽取新的 URL 放入队列，直到满足系统的一定停止条件。通过信息检索与 Web 搜索技术捕捉智慧物流信息的过程如图 4 - 5 所示。

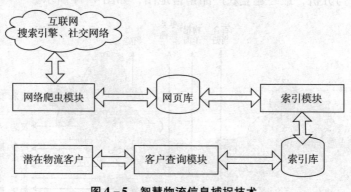

图 4 - 5　智慧物流信息捕捉技术

4.3　智慧物流信息推送技术

智慧物流信息采集过程将实体"物"转化为信息和数据传输到网络环境中，再通过通信网络、无线或有线网络将感知信息传递至智慧物流应用平台中，通过信息传输技术，在智慧物流运行过程中，将信息传递至"人"并对信息进行相应的处理和应用，保证信息数据能够正确地在人与物或物与物之间进行传输，从而完成信息传输过程中的复杂交互。

4.3.1　传统物流信息推送

传统物流信息推送主要通过移动通信网、互联网、无线传感网完成信息传输。

在智慧物流过程中，为了实现更加广泛的互联功能，将感知到的物流信息无障碍、高可靠性、高安全性地进行传输，就需要将移动通信技术、互联网技术与传感网相融合。经过十余年的快速发展，移动通信、互联网等技术已比较成熟，基本能够满足物流数据传输的需要。

无线传感网（WSN）是一种由传感器节点构成的网络，能够实时地监测、感知和采集节点部署区内的各种信息（如光强、温度、湿度、噪声和有害气体浓度等物理现象），并对这些信息进行处理，通过无线网络最终发送给网络终端。一般传感网结构如图4－6所示。智慧物流中，通过无线传感网，依靠多个传感网的节点来实现对不同物流信息的采集，以便在传感网中，将有效的物流信息传递到外界，实现对物流环境、物品环境的监测与控制。

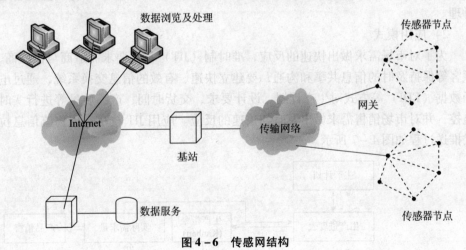

图4－6　传感网结构

4.3.2　智慧物流信息推送

1. 基于供应链的智慧物流信息推送

基于供应链的智慧物流信息推送，即通过对物流信息的实时掌控与推送，使供应链业务更加高效、快捷。其中，基于拉式生产的准时制（JIT）技术与理念，应用于智慧物流中，从原材料采购、产品生产和销售各个环节，避免了供应链供应缺乏或供应过剩、生产与运输之间的不协调、库存居高不下等弊端。

1）技术构成

拉式生产是实现准时化生产的重要手段，也是实现零库存的重要手段。通过拉式生产能够使得市场外部的信息与企业内部的生产相结合，由市场的需求决定生产的流程和零部件的需求。准时制（JIT）即应用拉式生产理念，它能够从市场的需求出发，由市场的需求信息决定生产什么，生产多少。它覆盖了从产品设计直到产成品发送一整套的物流活动，从原材料开始的各个在制品生产阶段，都必须消除一切浪费，不断提高生产率。

JIT 是在日本丰田汽车公司生产方式的基础上发展起来的一种先进管理模式。通过采用拉式生产，使得生产系统中每道工序都能够做到在必要的时间生产必要数量的必要产品，从而消除了过去那种推式生产下，由于盲目生产而导致的过量库存。另外，由于在整个生产系统中，每道工序都把它的下道工序看作是自己的客户，所以就会保证自己产品的品质，避免了由于产品不合格而导致的库存。随着它的不断完善，JIT 现在不仅是一种组织生产的新方式，而且是一种旨在消除一切无效劳动与浪费，实现企业资源优化配置，全面提高企业经济效益的管理哲理。

2）应用模式

为了对市场需求做出快速的反应，准时制（JIT）技术要求制造商与供应商、顾客等保持及时的信息共享和沟通，要建立快速、有效的信息交换系统，通过电子数据（EDI）等方式对生产计划、设计要求、交货时间、产品质量等进行实时监控，并对市场销售需求做出及时和快速的反应。应用 JIT 技术实现物流信息拉式推送过程如图 4 - 7 所示。

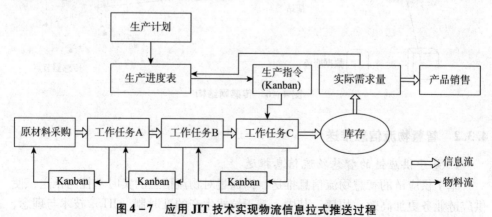

图 4 - 7 应用 JIT 技术实现物流信息拉式推送过程

2. 智慧物流信息推送

在互联网经济下，为了实现"以客户为中心"的要求，在准确分析供需关系和商品流量流向的条件下，力求在所发布的内容上符合个性化需求，即有针对性地为用户选择符合其消费心理和习惯的商品信息。智慧物流信息推送实现了根据消费者购物习惯、消费倾向等，为消费者提供合适的商品信息。

1）技术构成

随着网络的广泛应用，信息推技术与信息拉技术的概念被提了出来。1994年，第一代真正基于互联网的搜索引擎诞生，标志着基于网络的信息拉取技术的出现。

信息推（Push）技术是网上主动信息服务系统所采用的基础技术。采用这种技术主动在网上搜索目标信息，在对获取的信息进行加工整理后，根据信息的不同特点向不同的用户主动推送信息。网络上信息的推送主要采用了频道式推送、邮件式推送、网页式推送、专用式推送、即时发送等几种方式。

信息拉（Pull）技术是网上被动信息服务系统所采用的基础技术。在拉技术中，用户针对自己的需求有目的地进行信息查询，并搜索所需的信息，信息服务系统只是被动地接受查询，提供相关信息。信息拉技术在现实生活中的应用方式，主要表现为搜索引擎的使用。

智能信息推拉技术，是将信息推技术和拉技术有机结合起来的产物，它能将推技术当中由信息生产者控制信息流向的优点和拉技术中由用户决定和控制信息的查询、获取的优势充分地利用起来，从而有效地避免了这两种技术的不足。智能信息推拉技术根据推拉方式的不同，可以分为以下几种。

- "先推后拉"式。先由信源推送最新信息，然后用户有针对性地拉取所需的信息。
- "先拉后推"式。用户先拉取所需信息，信源根据用户的兴趣，再有针对性地推送相关的其他信息。
- "推中有拉"式。信源在信息推送过程中，允许用户随时中断、定格在所感兴趣的网页上，并进一步搜索，主动拉取更丰富的信息。
- "拉中有推"式。在用户拉取信息的搜索过程中，根据用户输入的查询信息，信源主动推送相关信息和最新信息。

目前能较好实现信息推送效果的技术有窄告技术、RSS 技术、Ajax 技术等。

2）应用模式

在智慧物流背景下，以电子商务网站购物为例，实现商品信息推送过程的基本运作模式如下：首先用户注册并登录，在用户浏览网页时服务器采集浏览信息，购买商品后收集已购的商品信息，应用统计方法确定用户的消费倾向，再根据消费倾向选择最合适的商品信息，然后将商品信息及与此相关的其他信息推送至客户端，用户如果对推送来的商品信息感兴趣，就会点击查看，如果觉得满意就会购买，而这些行为又再次被送进数据库，如此循环。整个过程由用户登录开始，到用户注销为止，如图4－8所示。

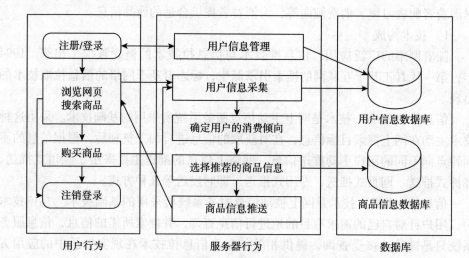

图4－8　智慧物流商品信息推送过程的基本运作模式

 ## 4.4　智慧物流信息处理技术

智慧物流信息处理技术主要包括智慧物流数据仓库技术、云计算平台技术和智慧物流信息实时处理技术等，保证了海量数据的存储和数据的实时处理，进而为智慧物流数据分析奠定基础。

4.4.1　智慧物流数据仓库

1. 技术构成

数据仓库技术主要是对数据进行集成化收集和处理，不断地对信息系统中的数据进行整理，为决策者提供决策支持。数据仓库技术主要解决数据的提取、集成及数据的性能优化等问题。大数据背景下的数据仓库技术主要包括 Hive，Hadoop DB，Hadapt 等。

2. 应用模式

在物流管理数据仓库技术结构中，其底层是多个信息源，包括一般的数据库、平面文件、HTML 文档等，内容为以文件方式提供企业在日常活动中收集的包括订单、存货单、应付账、交易条款、客户情况等在内的大量数据资料和报表及大量的外部信息等数据；在包装器/监视器模块中，包装器负责把物流信息从原信息源的数据格式转换成数据仓库系统使用的格式，而监视器则负责对本地信息源中需要提取的数据及其变化做自动探测，并把结果报告给集成器；集成器负责把物流信息安装到仓库中，其间还要进行过滤、汇总或与其他数据源的信息合并，最后将新的物流信息正确地放到物流管理数据仓库中，如图4-9所示。在建立完成企业级的信息数据仓库之后，可以基于这个数据仓库平台进行数据挖掘工作。

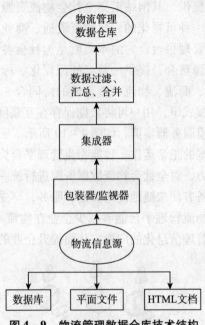

图4-9　物流管理数据仓库技术结构

4.4.2　智慧物流云计算平台

在市场竞争日益复杂、用户需求多样性的背景下，优化物流资源配置对企业发展的作用越来越凸显。但由于受限于资金短缺、技术水平弱、网络的技术能力不足等诸多因素，企业的物流平台的建设和发展受到制约，削弱了企业在国际市场上的竞争能力。以云计算技术为核心，可以打造一个低成本、高共享、智能型的现代智能化物流平台来满足现代物流管理需求。

1. 技术构成

云计算（cloud computing）是一种基于网络的、可配置的共享计算资源池，是计算技术分布式处理（distributed computing）、并行处理（parallel computing）和网格计算（grid computing）的新发展。云计算是大数据分析处理技术的核心原理，也是大数据分析应用的基础平台。云计算的高共享性的资源池数据设计方案为现代全社会视角下智能物流平台的建立奠定了技术基础，云计算商业模式的发展为智慧物流管理平台的建设提供了保证。

2. 应用模式

全社会智慧物流管理平台是一个基于互联网的、大众参与的计算模式，其计算资源（包括计算能力、存储能力、交互能力等）是动态、可伸缩、被虚拟化的，并且以服务的方式提供。其网站汇集全社会物流资源和物流智慧，是为每个物流人所用的平台，是一种可视化的，集物资流通、商业流通、信息流通、资金流通于一身的智慧物流管理平台。它的本质就是为社会各方提供单个物流企业无法完成的资料收集、资源整合，提供一整套的流程化、标准化的数据交互和业务协同服务，实现信息流、商流、物流、资金流的协同合一。

在云计算智慧物流模式下，用户可将数据保存在互联网的数据中心，应用程序的运行依托互联网大规模服务器集群，如图 4 - 10 所示。云计算服务提供商负责数据管理和维护，保证数据的正常运作。智能物流管理平台为用户提供足够大的存储空间和足够强的计算能力，对全社会物流数据资源进行统一调配，用户只需通过互联网、计算机等终端设备方便快捷地使用数据和服务，享受高性能的计算能力和应用服务。云计算下智慧物流管理平台能够减少企业在物流平台的投资和使用成本，降低企业实现智能物流管理信息化的门槛，从而提升企业的竞争能力。

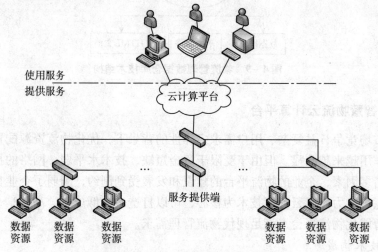

图 4 - 10　云计算智慧物流管理平台

4.4.3　智慧物流信息实时处理

智慧物流信息化时代，使用无线智能终端，可以实时地收集、传输物流信息，由此制订、优化操作物流计划，实现企业的快速响应。传统的数据分析工具是为分析历史信息而设计的，而处理海量的物流实时信息，就需要借助大数据信息实时处理技术，满足海量信息处理的高并发需求、大容量需求和高速度需求。

1. 技术构成

大数据实时流处理（real-time stream processing）要求实时性、持续性，利用 Hadoop 平台，Flume、Kafka 等开源技术，完成数据实时存储、实时计算、实时分析等内容，为挖掘数据价值、完成价值支付、与其他在线生产系统进行数据对接（数据反哺）提供基础。

2. 应用模式

以京东商城大数据实时处理架构为例，如图 4 – 11 所示。通过在线实时计算集群、缓存集群完成对物流数据的实时计算，用以支持在线服务，支撑报表应用、分析应用、推荐应用等功能；通过分布式消息系统、高速存取集群、流式计算集群等，完成实时计算，用以更新日志系统、企业消息总线；最后在企业数据仓库进行财务、采销等数据推送，以及数据分析挖掘，从而完成离线计算。

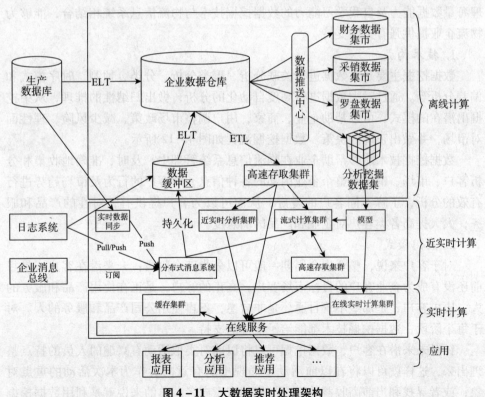

图 4 – 11　大数据实时处理架构

4.5 智慧物流信息分析技术

智慧物流信息分析技术通过对海量物流信息进行挖掘和分析，可以广泛地应用于物流客户关系挖掘、物流商品关联分析和物流市场信息分析等领域，是大数据背景下的智慧物流的发展核心。

4.5.1 智慧物流客户关系挖掘

针对已有海量客户与商品数据，如何应用数据挖掘技术对其关联关系、内在规律进行解析，进而为物流企业发展提供正确的决策依据，是大数据背景下智慧物流的核心。面对数量巨大的客户信息，物流提供商在设法留住老客户的同时，还要尽可能挖掘潜在的新客户。现有的信息系统对客户管理方式陈旧，并不能很好地吸引和调动客户积极性，因此用传统的方法并不能满足需求。但是，拥有处理海量数据能力及自我学习能力的数据挖掘技术与物流信息系统相结合，能够为物流企业提供强有力的支持。

1. 技术构成

数据挖掘主要是对数据进行关联分析、聚类分析、分类、预测、时序模式和偏差分析等。通过对大数据进行高度自动化的分析，做出归纳性的推理，从中挖掘出潜在的模式，可以帮助企业、商家、用户调整市场政策、减少风险、理性面对市场，并做出正确的决策。数据挖掘流程如图 4-12 所示。

数据挖掘技术能够帮助企业在物流信息系统管理中，及时、准确地收集和分析客户、市场、销售及整个企业内部的各种信息，对客户的行为及市场趋势进行有效的分析，了解不同客户的爱好，从而可以为客户提供有针对性的产品和服务，大大提高各类客户对企业和产品的满意度。

2. 应用模式

对于客户来说，整个生命周期一般可以分为三个阶段：未来潜在客户，是目前还没有成为企业客户的目标市场客户；真正的客户，是正在使用产品和服务的人；历史客户，是那些不管自愿还是非自愿，不再使用公司产品和服务的人。对于每个阶段，数据挖掘技术都能给予很好的支持。

针对未来潜在客户，数据挖掘可以将以前对类似活动有兴趣的人员的特点整理出来，这样就可以将在以前活动中涌现出的有意向者作为本次活动的重点对象；或者寻找和当前高收益的客户类似的有意向者。总的来说就是利用数据挖掘整理资料的特点，找出最有兴趣的客户群，让他们有机会接触到该项产品和服务，并最终成为真正的客户。

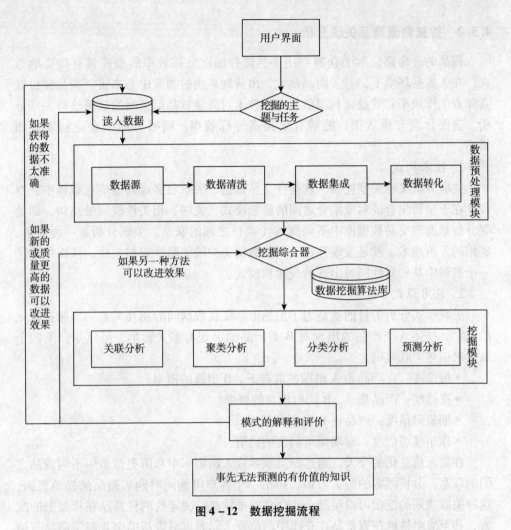

图4-12　数据挖掘流程

针对真正的客户，数据挖掘可以发现客户的消费嗜好，不同的客户有不同的消费嗜好，通过刺激客户的消费嗜好显然可以提高企业收入；通过关联规则挖掘还可以增加交叉销售，促使客户购买尚未使用的产品和服务；同时数据挖掘还可以判断哪些客户对促使他们将现有产品和服务升级的增量销售有兴趣。

针对历史客户，数据挖掘可以通过建立流失模型，发现客户离开的原因，预测什么样的客户有离开的意向，找到解决方法，从而避免将来类似的客户再次流失。

4.5.2 智慧物流商品关联分析

商品的合理储位对于仓容利用率、储存搬运分拣效率的提高具有重要的意义。在大数据环境下，对于商品量大、出货频率快的物流中心来讲，商品储位就意味着工作效率和效益，利用数据挖掘技术对海量货品信息间的联系进行关联分析，进而合理安排货架，能够有效提高分拣效率，同时有助于企业制定营销策略。

1. 技术构成

关联分析又称关联挖掘，就是在交易数据、关系数据或其他信息载体中，查找存在于项目集合或对象集合之间的频繁模式、关联、相关性或因果结构，即关联分析是发现交易数据库中不同商品（项）之间的联系。关联分析是一种简单、实用的分析技术，就是发现存在于大量数据集中的关联性或相关性，从而描述了一个事物中某些属性同时出现的规律和模式。

2. 应用模式

关联模式分析的目的就是为了挖掘出隐藏在数据间的相互关系，即通过量化的数字，描述 A 类产品的出现对 B 类产品的出现有多大影响，可以用以下四个属性来描述关联规则。

- 可信度：在产品集 A 出现的前提下，B 出现的概率。
- 支持度：产品集 A、B 同时出现的概率。
- 期望可信度：产品集 B 出现的概率。
- 作用度可信度：对期望可信度的比值。

在物流信息化的今天，通过挖掘顾客放入购物车中和历史订单中不同商品之间的联系，分析顾客的购买习惯，得出一个客户可能同时购买商品的简单规则。这种关联规则的挖掘可以帮助企业合理安排货架、决定这两种货品在货架上的配置，甚至战略性地布置货品在仓库中的位置。同时也可以帮助企业制定商品营销策略、完成价目表设计、实现商品促销和进行基于购买模式的顾客划分等。

4.5.3 智慧物流市场信息聚类分析

产品在进入市场后，并不会永远保持最高销量。一般来讲，随着时间的推移，产品会遵守销量变化的模式，经历四个阶段，即导入期、增长期、成熟期和衰退期，而在各个阶段，产品的生产要求和实物分拨策略不同。在大数据环境下，针对庞大且瞬息万变的物流市场，利用数据挖掘技术对物流市场数据进行聚类分析，能够有效帮助物流企业规避风险、做出合理决策。

1. 技术构成

聚类分析是数据挖掘分析的一种方法，是指将海量数据的集合分组成为由类似的对象组成的多个类的分析过程，其目的是根据一定的规则，合理地划分记录集合，使组之间的数据有很大的相异性，组内数据有很大的相似性。聚类分析是细分物流市场的有效工具，同时也可用于研究消费者行为，寻找新的潜在市场，并作为多元分析的预处理。

2. 应用模式

利用聚类分析和统计模型对数据库的数据仔细研究，以分析客户的运输习惯和其他战略性信息。利用数据库通过检索数据库中近年来的物流数据，通过数据挖掘，可以对季节性、运输量、货物品种和库存趋势进行数据挖掘分析，还可以确定风险货物，并对数量和运作做出决策。例如，在导入期，产品逐步得到市场的认可，销售量可能会快速增长，这时需要提前的生产计划、生产作业安排及适合的库存和运输策略，指导企业的生产，合理地控制库存和安排运输。

另外，还可以通过分组聚类出具有相似浏览行为的客户，并分析客户的共同特征，可以更好地帮助电子商务的用户了解自己的客户，向客户提供更合适的服务。智慧物流市场信息聚类分析过程如图 4 – 13 所示。

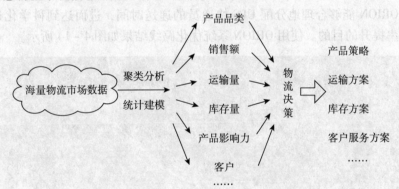

图 4 – 13　智慧物流市场信息聚类分析过程

 ## 4.6　智慧物流信息预测技术

4.6.1　智慧物流业务管理预测

在大数据背景下，智慧物流业务管理预测以实现物流各个环节业务预测的信息化、数字化、可视化、智能化为目的，涵盖物流配送业务、运输业务、仓储业务等方面，实现物流配送路线优化、预测性运输和仓储的动态管理。

1. 智慧物流配送路线优化

在智慧物流配送业务中，合理确定配送路径是提高服务质量、降低配送成本、增加经济效益的重要手段。物流配送系统中最优路线的选择问题一直都是配送中心关注的焦点。在大数据环境下，利用 ORION 等路径预测决策系统，能够为智慧物流配送提供优化方案。

1）技术构成

道路优化与导航集成系统（on-road integrated optimization and navigation，O-RION）诞生于 21 世纪初，由 UPS 公司研发并于 2009 年开始试运行。该系统的代码长达 1 000 页，通过利用远程信息处理技术、GPS 跟踪设备和车辆传感器等，获取递送车辆的当前行驶路线、车辆性能及驾驶员的安全信息等情况，从而分析每种实时路线的近几十万种可能性，并能在短时间内预测最佳路线。

2）应用模式

UPS 配送司机每人每天平均承担 120 件的快件交付量，ORION 系统会实时评估路径情况，直到确定一条最佳线路。司机手中的移动终端设备、远程信息处理技术、自定义地图数据与 ORION 的智能导航系统协同对接，最终有效地为 UPS 递送司机提供更为快捷、便利的行驶路线。在网络地理图库和智能运算系统的支撑下，ORION 能够合理地分配 UPS 快递员的递送时间，进而达到科学化运作和工作效率提升的目的。使用 ORION 系统优化路线结果如图 4 – 14 所示。

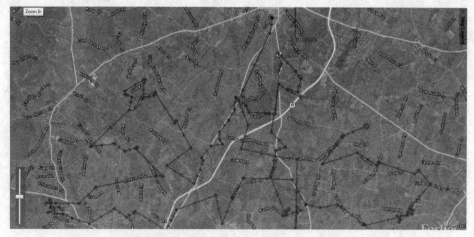

图 4 – 14　使用 ORION 系统优化路线图

UPS 正在公司全部的 5.5 万条北美快递线路上装配 ORION 系统。到 2013 年年底，ORION 已经在大约 1 万条线路上得到使用，为 UPS 节省了 150 万吨燃料，减少排放二氧化碳 1.4 万吨。

2. 智慧物流预测性运输

大数据时代使根据海量用户数据去预测用户的购买行为成为可能，利用预测用户购买行为可以提前配货运输，有效缩减商品到达时间。

1）技术构成

"预测性物流"的专利技术由亚马逊 2013 年 12 月份申请，这项专利可以让亚马逊根据海量用户数据去预判用户的购买行为，提前将这些商品运出仓库，放到托运中心寄存，等用户确认下单时，立即装车送达用户。"预测性物流"能大幅缩减商品到达时间，有利于缓解物流高峰时期物流延滞的问题。

2）应用模式

大数据环境下，通过搜索引擎、云计算、SVM 技术，分析用户的历史订单、商品搜索记录、愿望清单、购物车，甚至包括用户的鼠标在某件商品上悬停的时间等海量信息后，在他们实际下单前便填好大概地址或邮政编码，以便将商品运送到接近用户的地方，将包裹提前从亚马逊发出，之后在运输途中将这些信息填写完整，但在用户正式下单前，这些包裹仍会暂存在快递公司的转运中心或卡车里。"预测性物流"作业流程如图 4 – 15 所示。

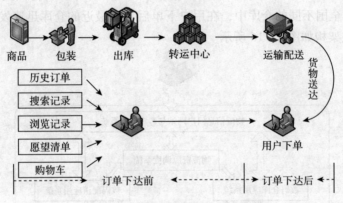

图 4 – 15　"预测性物流"作业流程

亚马逊通过对顾客及人口分布的了解、对趋势的预测，快速匹配仓储和运输等业务，实现了智慧物流时代下的抢先布局。

3. 智慧物流仓储预测与动态管理

中国物流市场庞大复杂，企业的物流模式一般是总仓＋地区分仓，多数中国企业采用经销制，总仓与分仓数据不共享，补单依据总仓数据或者靠经验与直觉，因此，避免缺货断货、实现去库存化成为现代物流企业的追求目标。

1）技术构成

利用大数据技术，依据可视化、可量化的消费需求，通过大数据运算，找到区域用户的兴趣和关注点，通过寻找相连性、预测目标消费群的个性与共性，进而针对区域仓储商品品类进行有针对性的分配和优化，能够有效避免缺货断货的情况发生。

同时，在大数据环境下，建立透明化的物流追踪系统，通过仓储网络的数据共享，数据提取自由，物品全程监控，实现物流的动态管理，优化区域货品调配，支持企业做出科学的决策，降低物流成本，提高货品调度反应速度，提高企业整体竞争力。

2）应用模式

利用大数据实现库存优化。第一步，总仓与分仓网络相连，实现数据共享，实现数据提取自由；第二步，将货品管理分级，分为大件、单品、到达客户三个层次；第三步，建立物流追踪系统，借助二维码、GIS 和视频编解码等技术，让生产、销售等各环节的数据透明化，对从生产到消费的全过程进行数据监管，实时采集数据。这样，物流就成为一个动态的、随时变化的数据集合，把来源不同（分仓，顾客）、结构相异的数据经加工分析处理，实现物流的动态管理，方便企业及时进行产品调整、结构优化、区域货品调配。

以阿里巴巴"菜鸟网络"为例，大数据环境下的智慧物流实现了商品在骨干区域中的"预配送"，利用淘宝大数据，根据用户分布及销售预测，将商品按比例分配到全国不同的仓库中，在用户下单后，从最近的仓库迅速发货。"菜鸟网络"系统架构如图 4-16 所示。

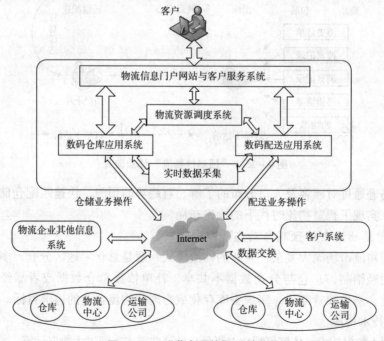

图 4-16　"菜鸟网络"系统架构

4.6.2   智慧物流供应链预测

1. 技术构成

在大数据背景下，智慧物流供应链从产品设计、原料采购、产品生产、订单管理、产品销售及协同的各个环节，都能够运用大数据预测技术进行更为翔实的动态掌控。通过大数据预测技术优化供应链战略推动供应链发展，能够有效提升物流企业的核心竞争力。涉及各个物流环节的供应链预测技术很多，例如 SAS 分析平台的需求预测技术、供应链计划预测技术、供应链风险预警技术等。

2. 应用模式

1）供应链需求预测技术

精确的需求预测是整个供应链的源头，市场需求波动、销售预测的灵敏与否直接关系到库存策略、生产安排及对终端客户的订单交付率。物流企业需要通过有效的定性和定量的预测分析手段和模型，结合历史需求数据和安全库存水平，综合制订精确的需求预测计划。以汽车行业为例，在应用 SAS 分析平台对海量数据进行精准分析后，可以及时收集汽车何时售出、何时故障及何时保修等一系列信息，由此对设计研发、生产制造、需求预测、售后市场及物流管理等环节进行优化，实现效率的提升，并给客户带来更佳的用户体验。

2）供应链计划预测技术

有效的供应链计划系统集成物流企业所有的计划和决策业务，包括需求预测、库存计划、资源配置、设备管理、渠道优化、生产作业计划、物料需求与采购计划等。物流企业根据产能情况编制生产计划与排程，保证生产过程的有序与匀速，其中包括物料供应的分解和生产订单的拆分。在这个环节中企业需要综合平衡订单、产能、调度、库存和成本间的关系，需要大量的基于大数据技术的数学模型、优化和模拟技术为复杂的生产和供应问题找到优化解决方案。

3）供应链风险预警技术

在大数据与预测性分析中有大量的供应链机会，例如，在供应链出现问题之前就准备好解决方案，避免措手不及造成经营灾难。还可以将大数据技术应用到质量风险控制，例如，在生产线上安装传感器以获得大量实时数据，利用这些数据进行分析预测，可以有效控制产品质量。同时，通过采集生产线上的大量数据，来判断设备运营状况、健康状况，对设备发生故障的时间和概率进行预测。基于大数据技术的供应链风险预警，可以建立风险预案、控制产品质量、保证生产安全。

4.6.3 智慧物流商物预测

在大数据背景下，通过智慧物流商物预测技术，对商品货物的品类、流量流向、供需平衡等进行预测，可以帮助调整商品的营销策略，实现货品流量流向的前瞻性，合理构建物流网络，实现对供需市场的快速响应。

智慧物流商品货物的品类预测，可以帮助企业合理制定商品货物的展示、定价、促销等营销策略。智慧物流商品流量流向分析预测，可以对不同商物的流量流向进行统计分析，发现商物的生产消费特点，并根据消费特点、地域分布等对商品品类的流量流向进行预测，根据预测结果构建物流网络，从而实现企业对商物流量流向的可视化管理，实现企业及社会资源的合理化配置。智慧物流商品供需平衡预测，是通过对市场的供需情况进行综合分析预测，为供应商、生产制造商及销售商等及时准确地提供供需信息，以保证商物供需市场的平衡，从而达到快速响应客户需求的目的。

 ## 4.7 本章小结

本章研究了智慧物流信息捕捉技术、智慧物流信息推送技术、智慧物流信息处理技术、智慧物流信息分析技术和智慧物流信息预测技术，对大数据背景下的智慧物流信息技术进行了较为全面的探讨。通过利用感知技术、互联网技术、数据仓库技术、云计算等技术，实现了对智慧物流信息的智能感知、实时推送和处理、客户关系挖掘、商品关联分析、市场分析等，最终实现从智慧物流业务管理、供应链管理和商品物品管理三个层面的信息预测，为大数据背景下的智慧物流发展奠定智能化、数字化、精准化、实时化基础。

 ## 参考文献

[1] 龚关. 信息技术视角：构筑智慧物流公共信息平台 开启智慧物流新时代 [J]. 物流技术（装备版），2013（9）：87 – 90.

[2] 黄国兴. 基于 GPS 和 GIS 技术的智慧物流系统的构建 [J]. 中国西部科技，2011，10（36）：11 – 12.

[3] 陈兴明. 基于 GIS/GPRS 的双层数据物流平台 [J]. 硅谷，2010（18）：102 – 103.

[4] 吕俊平. 丰田汽车零库存管理研究 [D]. 天津：天津科技大学，2011.

[5] 罗锋. B2C 购物网站商品信息推送系统的研究与设计 [D]. 武汉：华中师

范大学，2007.

［6］范真荣．基于全社会视角下的智慧物流平台建设探析［J］．物流技术，2013，32（9）：426－428.

［7］高晓婷．数据挖掘在物流管理中的应用研究［D］．苏州：苏州大学，2012.

［8］叶玉萍．数据挖掘技术在物流业中的应用研究［J］．福建电脑，2009（5）：102－103.

［9］杨永刚．数据挖掘在物流领域中的应用［D］．武汉：武汉理工大学，2006.

5 智慧物流业务模式与业务体系研究

随着物联网技术、传感网技术、跟踪技术及虚拟化存储技术的发展和普及，现代物流正在不断向智慧型物流转变，现代物流的发展趋势呈现出专业化、标准化、信息化、智能化的特征。本章主要针对现代物流业务模式及业务体系，从大数据对现代物流系统结构及组织模式的影响入手，提出大数据环境下智慧物流创新模式及基于大数据背景的智慧物流业务体系。

 ## 5.1 大数据对物流系统结构的影响

5.1.1 现代物流系统结构分析

物流系统是指在一定的时间和空间里，由所需输送的物料和包括有关设备、输送工具、仓储设备、人员及数据、信息交互等若干相互制约的动态要素构成的具有特定功能的有机整体。

现代物流系统横跨原材料供应、生产、流通、消费等各个领域的众多部门，形成统一高效的流通体系，保障生产的正常进行及先进生产方式的推行，信息与数据的高效流通是现代物流区别于传统物流结构的核心要素之一。从网络结构和空间结构两个角度分析现代物流系统结构，如图 5 - 1 所示。

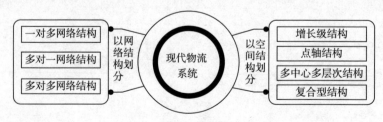

图 5 - 1　现代物流系统结构划分

1. 以网络结构划分

根据物流系统的网络特性，物流系统可分为一对多网络结构、多对一网络结构及多对多网络结构。

1）一对多网络结构

如图 5-2 所示，一对多网络模型在工厂—配送中心或者在单个的配送中心—客户的关系当中最为常见。该模型的特点是货物从物流总部 HQ（如工厂等）分发配送到多个 ROC（如分销商），而货物的流经层数可以有多层，层与层之间通过数据流通实现信息交互。

2）多对一网络结构

如图 5-3 所示，多对一网络模型在生产企业的供应渠道中最为常见，例如，多个供应商同时对一个工厂供应原材料或者多个分厂同时为一个总厂提供零部件等。S 表示上一级供应商或分厂，P 表示下一级生产企业或总装厂。

3）多对多网络结构

多对多网络模型在实际当中更为常见，如图 5-4 所示，在多对多物流网络模型中，还可以细分成一级物流网络、二级物流网络和多级物流网络。大批量的生产和销售之间多采用这种网络结构，这种结构可以避免中间不必要的库存等过程，从而可以大大降低物流费用。

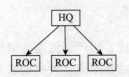

图 5-2　一对多网络结构

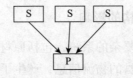

图 5-3　多对一网络结构

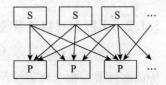

图 5-4　多对多网络结构

2. 以空间结构划分

根据物流网络系统的空间结构，物流系统结构可分为增长极结构、点轴结构、多中心多层次结构及复合型结构。

1）增长极结构

增长极结构大多表现为以一点为核心，呈放射状分布，星形和扇形网络是其呈现的两种典型结构形式。由于物流基础设施为其在空间上的高度集聚提供了条件，数据背景形成经济集聚与扩散的相互协调性，使之与市场有紧密的联系，保证优良的外部联系环境。

2）点轴结构

现代物流系统中的点轴结构就是物流网络在沿线重要交通站点及枢纽呈点轴式放射状分布格局，重要交通干线作为物流的主要通道是点轴系统网络结构的基本特征。一般而言，点轴结构包括带形和环形两种典型结构形式。在点轴结构中，产业有较大的接触优势，相关产业的数据及生产信息交换为经济活动提供空间关联环境，促进其空间形态发展和演变。

3）多中心多层次结构

多中心多层次结构是不同地域之间相互联系、密切合作所构成的一种物流空间结构形式，是生产社会化和社会分工协作发展的必然结果，也是物流经济发展的客观趋势。网格型结构为多中心多层次结构的典型表现形式。

4）复合型结构

复合型结构是由两种或两种以上的物流形态综合而成的一种物流空间结构形式。当物流基础设施足以提供更为充分的关联环境，物流活动在空间上以地域为单元的协同趋势就成了客观要求，物流系统与经济社会在地域上相互作用产生的复合型结构是空间经济形态的必然结果。

综上所述，在物流系统中，物流的全部活动是在链和节点之间进行的。现代物流系统水平高低、功能强弱取决于网络中链与节点的配置及节点之间信息的流通度。由于区域地理的特点和经济发展水平的差异，覆盖不同地区链与节点形成不同层次、纵横相连的物流空间结构，数据传送与信息交互是现代物流系统结构发展的前提与基础。

5.1.2 大数据对物流系统结构的影响

现代物流系统是一个庞大复杂的系统，包括原材料供应、生产、流通、消费等诸多环节，每个环节涉及丰富的物流信息，产生了巨大的数据流。大数据联合物联网、传感网等相关技术汇集了物流运营过程中的海量数据信息，并对数据信息加以处理分析，辅助物流系统中相关企业收集和分析客户、市场、销售及物流运作过程的各种信息，提高系统结构协同度、实现系统智能化及一体化，提升资源整合能力，如图 5-5 所示。

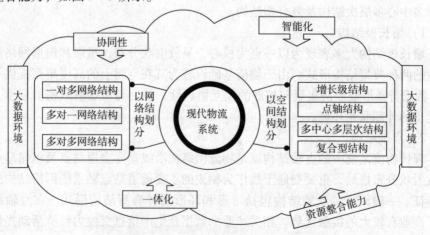

图 5-5 大数据对现代物流系统的影响

在现代物流系统的空间结构及网络结构中，数据采集及信息传输是整个现代物流系统的核心。大数据环境为全面及时的信息挖掘处理提供可能，以辅助决策者做出快速、准确的决策。从系统结构协同角度，基于大数据的物流运营管理通过实时、快速、自动、全方位的信息感知，协助物流活动进行有效的业务调度，加强物流各环节间的信息沟通，对物流系统各层面进行协同管理，从而实现物流各系统的整体性增值；将大数据引入到物流领域时，物流运作相关的各类信息得以实时、完整的融合，从而实现在基本物流环节中进行智能决策、动态控制和自动化操作等，形成一系列智能化信息服务模式和智能化控制服务模式；物流系统应用大数据及其智能处理技术后，可实现对物流环境、物流载运工具、物流设施和转运货物的属性和状态的感知，从而从横向角度增加现代物流的业务流程种类，纵向角度通过流程组织优化，简化物流业务环节，实现流程一体化，进而优化企业内、外部的整体资源配置，使各类基本物流资源和增值物流资源得以整合，现代物流系统在大数据技术的影响下最终达到系统平衡。

5.2　大数据对物流组织模式的影响

5.2.1　现代物流组织模式分析

现代物流的运营管理需要以物流组织为依托才能加以实施。从原材料的采购到产成品的分销配送，物流组织过程不仅贯穿了企业的各个职能部门，而且越过了企业的边界，联结了上下游企业。现代物流组织作为物流活动的关键，对于现代企业的发展和竞争能力的发挥起着非常重要的作用，从形式上划分，可归纳为一体化供应链、战略联盟和虚拟物流等，如图 5-6 所示。

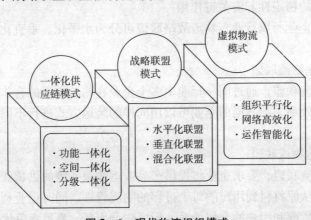

图 5-6　现代物流组织模式

1. 一体化供应链模式

一体化供应链模式是以最大限度地满足顾客需求为导向，对供应链上的企业进行系统化、集成化的管理，从而提高供应链整体的生产效率和反应速度并同时达到降低供应链生产成本的目的。对于一体化供应链模式而言，伙伴间信息共享是一体化供应链得以集成的核心影响因素。较之传统的供应链管理，一体化供应链管理强调链上企业的协同合作是基础。在协同合作的基础和前提下，链上的企业管理职能需进一步延伸和扩展，使一体化供应链管理构成一个网络结构，所以一体化供应链是对多个供应链的整合，数据信息是供应链整合后所形成网络的基础要素。

一体化供应链下的一体化物流管理的范畴由单个企业扩展到了多个企业，主要通过物流将企业内部各部门及供应链上的相关企业联合起来，改变了交易双方传统的、对立的、矛盾的观念，在整个供应链范围内构建一种协同的、合作的、多赢的贸易伙伴关系。以系统的、全局的眼光审视物流活动，目的就是为了使整体供应链的物流信息透明度提高，从而提升整条供应链的效率，降低运营成本。因而一体化供应链下的物流系统运作的一体化整合必须同时达到六个目标：快速反应，减少差异，降低库存，集运运作，质量保障，生命周期支持。

2. 战略联盟模式

随着供应链管理等物流一体化战略的兴起，企业的注意力开始转向企业之间的关系。企业的组织形式需要随之改变。由于供应链成员之间既相互独立又相互依存，彼此间需要开展纵向合作。同时，绝大多数物流服务表现出高度的核心专业化，它们的利益产生于规模经济，并很容易受规模不经济的影响，这就促进了企业相互间的横向联盟。企业形成战略性联盟的过程中，企业生产数据共享及信息流动对联盟的稳定性起着关键作用。

根据联盟企业所属行业，物流战略联盟可分为水平化、垂直化及混合化战略联盟。

1）水平化物流联盟

水平化物流联盟，通过同一行业中多个企业在物流方面的合作而获得规模经济效益和物流效率。如不同的企业可以用同样的装运方式进行不同类型商品的共同运输。

2）垂直化物流联盟

垂直化物流联盟，要求企业将提供产品或运输服务等的供货商和用户纳入管理范围，实现从原材料到用户的每个过程的物流管理，同时企业利用自身条件建立和发展与供货商和用户的合作关系，形成联合力量，赢得竞争优势。

3）混合化物流联盟

混合化物流联盟，是水平化物流联盟和垂直化物流联盟的有机组合。市场竞争越来越激烈，混合一体化物流联盟是企业物流经营的趋势。

3. 虚拟物流模式

虚拟物流模式的实质是供应链信息集成平台，它是以获取物流领域的规模化效益为纽带，以先进的信息技术为基础，以共享供应链数据为目的而构建的物流企业动态联盟。这种联合体形成物流作业网络，以实现资源共享、提高效率、降低成本，其目的在于通过海量物流数据把握物流市场机遇和提高竞争能力。在虚拟物流企业内部，物流企业间形成互相信任、共担风险、共享收益的物流伙伴关系。伙伴企业不完全追求自身利益最大化，在物流业务领域通过契约关系达到物流作业资源上的优势互补，物流要素双向或多向流通。

数据与信息是虚拟物流组织运作的基础。虚拟物流组织是一种以消费者为中心的组织形式，无论是物流服务消费者还是虚拟物流组织之间都离不开信息网络的支撑。除此之外，就虚拟物流组织本身而言，它是通过大量的双边规制把伙伴物流组织联系在一起的，其工作或活动的联系地域范围很大，甚至在全球范围内整合所有能形成核心能力互补的最优秀的核心企业，需要较高的协同度，协调信息需要高效快速传递，否则分散化的工作关系无法有效协调。因此，标准统一的信息与数据是高效率地实现广泛地域分布上物流组织虚拟合作和协调的核心所在。

5.2.2　大数据对物流组织模式的影响

物流组织模式经历了从分散管理到过程一体化的发展阶段，正在向着信息化、智能化的方向演进，信息网络技术成为现代物流组织模式发展的关键所在。大数据及其相关技术的应用，实现了物流运营管理过程中的信息的准确、高效收集和及时处理，针对物流组织的三种模式，为物流企业寻求资源配置与实际需求的最佳结合点，为新型物流组织模式的发展提供数据及技术支持。大数据对现代物流组织模式的影响如图5-7所示。

现代物流正在向一体化、智能化的方向发展，这就要求物流企业能够提供及时、有效的物流信息，从而需要现代物流企业要为客户将物流运作的每一个环节、每个步骤及相关信息和分析即时地提供给客户，进而提高物流作业效率和反应速度，大幅度降低服务成本，使物流做到真正意义上的及时服务（just in time）。基于大数据的物流运作通过海量的物流数据及处理技术实现物流信息的商品化、物流信息收集的数据库化和代码化、物流信息处理的电子化和计算机化、物流信息传递的标准化和实时化、物流信息存储的数字化，迎合物流组织模式发展的趋势，为新的物流组织模式提供技术支持，使物流组织向着更高层次演进。

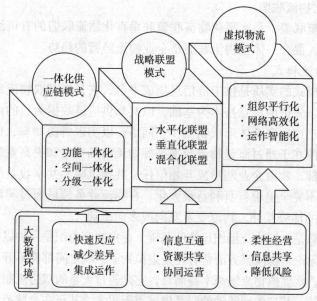

图 5-7　大数据对现代物流组织模式的影响

　　信息技术的飞速发展促使物流组织结构发生变化，其中一个显著的变化趋势就是物流运营管理由内部一体化向着过程一体化转变，物流组织将从重视功能提升的垂直层次组织转向一个以过程为导向的水平组织。在过程信息一体化的进程中，大数据技术的应用为物流运作管理提供了海量的物流信息及智能处理技术，加强了物流运作管理过程中对物流信息的控制和保持，避免在分散阶段所产生的信息扭曲和延迟，以信息技术代替组织层次，通过管理过程优化取代物流功能提升进而提高生产率。物流组织结构由功能集中转变成过程集中，形成过程信息一体化的水平结构，物流组织模式由纵向一体化向横向一体化转变。

5.3　大数据背景下智慧物流模式创新

　　大数据背景下智慧物流业务模式创新，需要以实现物流的智能化、网络化、可控化，提升物流效率及信息资源整合水平为目标。本节基于现有物流业务模式，结合现代物流业务流程，提出大数据背景下现代物流核心业务再造设计及基于大数据背景的智慧物流创新业务模式。

5.3.1　智慧物流商物管控

　　智慧物流商物管控是现代物流管理的一个重要方面，通过对物流商品进行一系列结构化、规范化的品类分析，以顾客需求为中心协调供应链与物流网络，满足顾客的需求并提高利润。智慧物流商物管控包括商物品类管理、物流网络管理及流量流向的分析与管控，最终实现供需平衡，如图5-8所示。

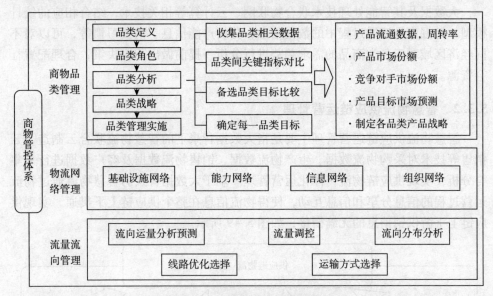

图5-8 智慧物流商物管控体系

智慧物流商流管理就是基于对现代物流所涉及商物的分类，结合大数据及其智能处理技术，系统地收集、存储货物品类信息、进出历史记录、货物进出状况、生产地及消费地等数据，对物流网络中的商物核心节点及商物通道进行管控，通过定性分析和系统分析的有机结合，运用科学的统计监测和预测方法，将物流过程中物品流量、流向进行量化处理，形成不同品类商品在不同经济区域的生产消费动态结构，有利于实现社会资源的高效合理配置。

大数据背景下的智慧物流通过对商物流量流向的监管，形成了流通过程的精细化管控，实现了智慧物流流通全局管控、客户细分及市场趋势分析。

1. 流通全局管控

通过商品品类信息、流通信息等，基于大数据背景的智慧物流提供了不同商品在不同经济区域的生产消费情况，展示商品流通的动态结构。智慧物流主体在实施物流运营决策时，可以随时了解某类商品流通结构是否合理，市场比例是否得当，从而依据需求变化，实施运营策略。

2. 客户细分

基于大数据的智慧物流提供了不同经济区域的生产状况、消费习惯等信息，便于智慧物流注意依据客户的属性、行为、需求、偏好及价值等因素将客户划分为若干小细分群体，同属一个细分群的消费者彼此相似，从而为同一类群体提供有针对性的产品、服务和销售模式。

3. 市场趋势分析

大数据及其智能处理技术联合物联网、云计算等相关技术，结合相应的统计模型，挖掘商品流通过程中的数据信息，分析产能信息、消费习惯等，可以对不同经济区域对于各类商品的需求趋势进行分析，提前做出相应决策，合理配置社会资源。

5.3.2 智慧物流供应链运营管理

智慧物流供应链运营管理主要是指大数据背景下的智慧物流联合云制造、云销售等技术对采购物流数据、生产物流数据、销售物流数据及客户数据进行采集与分析，实现供应链物流一体化运营管理。基于大数据背景的智慧物流通过物流运营过程的信息分享和信息互动，使得物流信息在整个供应链上下贯通，实现供应链上下游供销信息的无缝衔接，如图5－9所示。

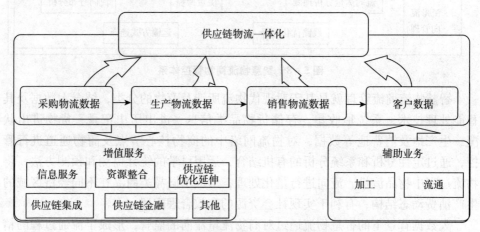

图5－9　智慧物流供应链运营管理

基于大数据背景的智慧型一体化供应链是供应链信息化的高级阶段，实现了供应链横向、纵向信息的可视化处理，提升了供应链反应的敏捷性，从根本上解决供应链效率问题。通过智慧型一体化供应链，实现对采购物流、生产物流、销售物流的管理，同时又能对客户信息数据进行深入研究与分析，进而对行业上游采取有针对性、目的性的产品规划、采购指导，也有利于下游终端领域的市场推广、消费者行为研究、增值销售等一系列举措的有效跟进，同时提供供应链金融、信息服务等增值服务。

智慧型供应链的核心是通过大数据及其智能处理技术的应用，尽量消除不对称信息因子的影响,最终从根本上解决供应链效率问题。由于嵌入了智能信息网络技术,"智慧供应链"与传统供应链相比,具备以下特点。

1. 技术的渗透性更强

在智慧供应链的大环境下,供应链管理者和运营者会采取主动方式,系统地吸收包括物联网、互联网、人工智能等在内的各种现代技术,实现管理在技术变革中的革新。

2. 可视化、移动化特征更加明显

智慧供应链更倾向于使用图表、视频等可视化的形式来表现数据,采用智能化和移动化的手段来访问数据。

3. 信息整合性更强

借助于智能化信息网络,智慧供应链能有效打破供应链内部成员的信息系统的异构性问题,更好地实现无缝对接,整合和共享供应链内部的信息。

4. 协作性更强

在高度整合的信息机制下,供应链内部企业能够更好地了解其他成员的信息,并及时掌握来自供应链内部和外部的信息,并针对变化,随时与上下游企业联系,做出适当调整,更好地协作,从而提高供应链的绩效。

5. 可延展性更强

在基于智慧信息网络的智慧供应链下,借助先进信息集成,信息共享变得可以实现,企业可以随时沟通,供应链的绩效也不会因供应链层级的递增而明显下降,延展性会大大增强。

5.3.3　智慧物流业务管理

大数据及其相关处理技术为物流企业感知并采集物流信息,并将采集的数据进行加工处理,辅助企业管理物流运营过程,实现对物流业务流程的进一步优化。本节针对物流企业主要业务,提出基于大数据环境的现代物流相关业务改进,包括大数据背景下智慧物流核心业务管理、辅助业务管理及增值业务管理,如图 5-10 所示。

1. 智慧物流核心业务管理

现代物流核心业务包括运输、仓储、配送及信息四个方面,大数据背景下的智慧物流从信息化、智能化的角度提出智能运输、自动仓储、动态配送及信息控制等核心业务创新,实现业务过程数据信息互联互通,提高物流效率。

大数据背景下实施运输业务升级的物流企业,通过整合内外物流资源,提供"一站式"综合物流服务,通过运输路线追踪、货物在途状态控制等,实现运输管理过程的可视化及智能管控,并与上下游业务进行物资资源整合和无缝连接;

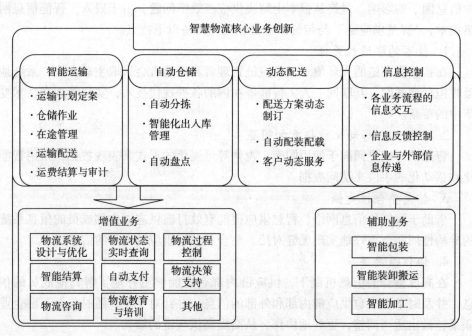

图 5 – 10　大数据背景下智慧物流业务管理

在仓储业务环节，通过自动分拣、智能化出入库管理、自动盘点、"虚拟仓库"管理等，实现智慧物流自动仓储；在配送环节，基于大数据背景的智慧物流利用感知节点对配送过程当中，交通条件、价格因素、用户数量及分布和用户需求等因素的变化进行信息捕捉并有效反馈，及时采取应对策略，形成动态的配送方案，提高配送效率；针对物流信息，大数据及其相关技术通过各业务流程的信息交互、信息反馈控制及企业与外部信息传递，实现物流企业信息流活动的升级，提高整个物流的反应速度和准确度。

2. 智慧物流辅助业务管理

大数据背景下的智慧物流业务体系中，辅助业务包括智能包装、智能装卸搬运及智能加工。智能包装系统可根据货物的静态属性、动态属性、客户要求及包装成本等因素自动选择包装容器、包装材料和包装技术，提高操作效率，降低工作人员因判断失误所造成的损失；智能装卸搬运是通过利用输送机、智能穿梭车等设备，结合智能装卸搬运信息系统、通信系统、控制系统和计算机监控系统等系统，使智能运输、智能仓储、智能包装和智能加工等物流活动实现无缝衔接。智能加工主要包括智能贴签、智能配货、智能挑选混装等，提高物流运作效率。

3. 智慧物流增值业务管理

大数据及其相关智能技术获取准确、全面、及时的物流信息，这些信息使物流辅助业务与核心业务更加智能化和自动化，对这些信息进行深层挖掘与分析，可拓展智慧物流增值业务的范围并提升增值业务的服务水平。基于大数据背景的智慧物流增值业务主要包括物流系统设计与优化、物流状态实时查询、物流过程控制、智能结算、自动支付、物流决策支持、物流咨询、物流教育与培训等。

5.4　大数据背景下智慧物流业务体系设计

大数据及其智能处理技术联合物联网、云计算、传感网等，共同作用于物流运营管理过程，使得各项物流业务的智能化水平显著提高，增值业务的服务范围进一步得以拓展。经过大数据对物流业务体系的影响分析，在传统物流业务体系的基础上进行创新设计，提出大数据背景下的智慧物流业务体系框架，如图5－11所示。

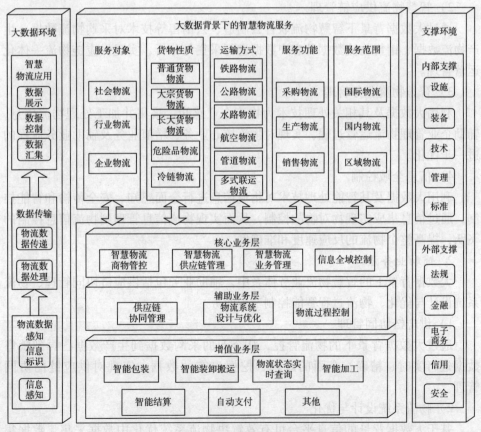

图 5－11　大数据背景下智慧物流业务体系框架

5.4.1 大数据背景下的智慧物流业务创新

大数据背景下的智慧物流针对采购物流、生产物流及销售物流实施运营管控，实现物流业务的智能化、集成化、可控化，提升信息资源整合水平及物流效率，其业务创新包括核心业务创新设计、辅助业务创新设计及增值业务创新设计。

1. 核心业务层

基于大数据的物流业务体系，核心业务包括智慧物流商物管控、智慧物流供应链管理、智慧物流业务管理、信息全域控制四项业务。

1) 智慧物流商物管控

通过对物流过程中物品的流量、流向进行量化处理，形成不同品类商物在不同经济区域的生产消费动态结构，以实现社会资源的高效合理配置。

2) 智慧物流供应链管理

通过大数据背景下智慧物流联合云制造、云销售等技术对采购物流数据、生产物流数据、销售物流数据及客户数据进行采集与分析，实现供应链物流一体化运营管理。

3) 智慧物流业务管理

利用大数据及其相关处理技术为物流企业感知、采集并加工处理物流信息，辅助企业管理物流运营过程，实现对物流核心业务、增值业务及辅助业务流程的进一步优化。

4) 信息全域控制

利用大数据及其智能处理技术对物流信息进行全面感知、安全传输和智能控制，通过信息集成实现物对物的控制，从而实现物流信息管理到物流信息控制的飞跃，提高整个物流的反应速度和准确度。

2. 辅助业务层

大数据背景下的智慧物流业务体系中，辅助业务包括供应链协同管理、物流系统设计与优化、物流过程智能控制三项业务。

1) 供应链协同管理

通过大数据背景下的物流管控，从企业的采购数据到生产数据，再到销售数据进行实时、精确、全面的跟踪，挖掘出有效数据，实现对供应链的协同管理。

2) 物流系统设计与优化

基于大数据背景的信息平台可有效解决物流系统优化中数据采集、数据集成、大型计算平台和过程支持优化四大问题，降低物流系统总体成本。

3）物流过程智能控制

通过对物流状态的实时查询和物流过程的可视化管理，在对物流过程进行实时跟踪与监控的基础上，可通过基于大数据的物流信息平台操纵物流设备、设施，以实现对物流过程的动态控制。

3. 增值业务层

在物流领域中利用大数据相关技术可获得准确、全面、及时的物流信息，这些信息使物流辅助业务与核心业务更加智能化和自动化。对这些信息进行深层挖掘与分析，可拓展物流增值业务的范围并提升增值业务的服务水平。

1）智能包装

大数据背景下的智慧物流根据货物的相关属性及客户要求等自动选择包装容器等，提高操作效率及操作准确率。

2）智能装卸搬运

智能装卸搬运是基于输送机、智能穿梭车等设备，结合智能装卸搬运信息系统、控制系统等，实现装卸搬运过程的智能化。

3）物流状态实时查询

大数据相关技术可提供准确、及时、详细的供需信息，实现供应链横向、纵向数据的可视化处理，实现物流供需状态的实时查询，促进供应链管理的智能化和敏捷化。

4）智能加工

智能加工是通过智能物流设备和物联网相关技术，对物品进行加工处理，完成智能贴签、智能配货、智能挑选混装等作业过程，实现物流操作效率化。

5）智能结算

大数据背景下的货物标签中存储着丰富的货物信息，通过在计价系统中识别和处理这些信息，可实现智能结算，并提高结算速度和结算准确性。

6）自动支付

自动支付是在智能结算的基础上进行的，物流企业内部及供应链各参与方在智能结算后，相关费用可自动在与计价系统绑定的银行账户上直接扣除，简化了资金交易的过程，同时提高了资金交易的准确性。

5.4.2　大数据环境

大数据及其智能处理技术的应用是物流业务体系再造的动力，大数据环境下的物流数据感知、物流数据传输和物流应用为提高物流的整体服务水平创造了基础条件。

1. 物流数据感知

物流数据感知是指通过大数据相关技术对物流基础数据进行采集与感知，主要包括信息标识和信息感知两个环节。感知的主要内容包括货物的基本属性、状态、位置和附属信息等，大数据及其智能处理技术的应用可提高物流感知的灵敏度、深度和广度。

2. 物流数据传输

物流数据传输是指通过相关技术和媒介，将感知到的基本物流信息进行初步处理与传输。网络传输的主要内容包括物流数据处理和物流数据传递。通过相关技术将物流感知过程中所采集终端的数据信息进行集中，并接入传输体系，再利用处理工具对基本物流数据信息进行选择、纠正，以及进行不同数据信息形式间的转化，最后通过传输网络将经过处理的物流数据传递到物流应用层上。

3. 智慧物流应用

物流应用采用云计算、数据仓库等技术对基本物流信息进行大规模的存储与计算，实现与各项物流业务的对接。物流应用主要包括物流数据的汇集、控制和展示，即首先对数据信息进行集中整合与有效处理，其次通过数据集成化的管理与控制完成对物流状态的实时监控，最终将有效信息展示给用户，为大数据背景下物流业务的智能控制提供服务。

5.4.3 支撑环境改善

保障各层物流业务顺利进行的支撑环境包括内部支撑条件和外部支撑条件，这些支撑条件对物流业务进行支持，为大数据及其相关技术在物流中的应用提供了实施条件与基础，从而提高了各项物流业务的智能化水平。

1. 内部支撑

内部支撑包括设施、装备、技术、管理和标准。在基于大数据背景的物流业务体系中，内部支撑因素有如下改善：①物流基础设施，通过应用大数据相关技术，使仓库、公路、铁路、港口等可以实时与物品进行信息交互，为物流感知提供基础性服务；②物流装备中传感设备，尤其是现有物流信息采集与传输设备及接收设备的衔接，具体包括物品标签、读写器、传感器、服务器、网络设备和终端设备等；③大数据及其相关技术的应用将促进物流系统规划技术、现代物流管理技术、物流系统评价技术和物流信息化技术等物流技术进一步发展；④依靠大数据背景下智慧物流的网络特性和个性化的配套软件系统，可实现对物品流通过程中各个市场要素的全方位监控，提供满足整个供应链资源优化配置的信息服务，优化供应链管理；⑤标准包括基于大数据背景的智慧物流自身标准体系构建和与物流标准的融合，以便在企业级、行业级、区域级和国际级数据支撑下实现不同物流系统的对接服务。

2. 外部支撑

外部支撑包括法规、金融、电子商务、信用和安全。在大数据背景下的物流业务体系中，外部支撑因素有如下改善：①除完善物流法规之外，还应建立相应的智慧物流法规，为大数据及其相关技术在物流领域的应用提供良好的法律制度环境；②电子商务和现代金融都将借助大数据相关技术对物的感知与控制提升物流业务的服务水平、拓展增值服务范围；③大数据环境对信用和安全提出了更高的要求，因此，在深化安全技术研究的同时，必须加强人的安全意识和信用教育，创造安全、可信的大数据环境，保证物流业务体系再造的顺利进行。

5.5　本章小结

本章基于现代物流自身的特征，首先对现代物流系统结构及组织模式进行了分析，在此基础上，结合大数据及其相关技术特点，从结构与组织两个角度入手，分析了大数据技术对现代物流系统结构及组织模式的影响，进而从智慧物流商务管控、供应链运营管理及智慧物流业务管理三个层面提出大数据背景下的智慧物流创新模式，最后设计了包含核心业务、辅助业务及增值业务在内的智慧物流业务体系，形成了基于大数据背景的智慧物流的理论体系框架。

参考文献

［1］王义春. 商业物流系统运营管理研究［D/OL］. 天津：天津大学，2002. DOI：10. 7666/d. y591198.

［2］ÇATAY B, CHIONG R, SIARRY PATRICK S. Computational intelligence in production and logistics systems. International Journal of Production Economics, 2013，145（1）.

［3］万斌. 社会物流系统综合评价指标体系的建立及应用研究［D］. 上海：同济大学，2008.

［4］李颜来. 物流网络结构复杂性及优化设计问题研究［D］. 北京：北京交通大学，2011.

［5］王凌峰. 物联网加速物流供应链信息一体化［J］. 信息与电脑，2012（6）：88 –91.

［6］ZHAO L W, HUANG X H. Research on the application of business intelligence in logistics management. Proceedings of the 2009 International Conference on Management and Service Science, 2009: 4.

[7] 张炎亮，申红雪. 虚拟物流组织的结构模式研究 [J/OL]. 郑州轻工业学院学报（社会科学版），2008，9（1）：81 – 83. DOI：10. 3969/j. issn. 1009 – 3729. 2008. 01. 020.

[8] 鲍连彬. 供应链联盟的经济学分析 [D/OL]. 上海：上海海事大学，2005. DOI：10. 7666/d. y973525.

[9] 董淑华. 未来供应链运作模式研究 [J/OL]. 物流技术，2013，32（12）：329 – 332，372. DOI：10. 3969/j. issn. 1005 – 152X. 2013. 12. 104.

6 智慧物流信息平台设计研究

 ## 6.1 智慧物流信息平台概述

我国物流信息平台的研发与建设缺乏统一设计，系统功能建设重复，没有统一标准的数据格式，且各地区、各企业各自为政，从而导致物流信息无法互联互通，难以实现信息共享。同时，物流行业的快速发展对物流信息化服务提出了更高要求，只有通过推进物流信息化建设，才能实现物流行业的系统化和现代化。

物流信息平台是支持和提供物流服务供需信息的交互网站，随着智慧物流的快速发展，传统的物流信息平台已不能满足智慧物流智能化、快速化的要求。智慧物流信息平台的提出和发展很好地解决了这一问题。智慧物流信息平台是沟通物流活动各环节的桥梁，其借助集成化技术，利用大数据、物联网、云计算及先进的信息技术将各层面的物流信息进行整合，可引导供应链结构的变动和物流布局的优化，实现物流各业务运行及服务质量的管理控制，协调商物结构，促进商物供需平衡，从而协调人、财、物等物流资源的配置，促进物流资源的整合和合理利用。

本节基于我国智慧物流的实际情况和发展需求，利用大数据技术及先进的信息技术，通过将各参与机构的信息及物流服务进行整合，构建包括智慧物流商物管理平台、智慧物流供应链管理平台及智慧物流业务综合管控平台在内的智慧物流信息平台。该平台可为物流实体经济提供有力支撑，可解决长期存在的物流业务彼此独立运作、缺乏整合、物流业务之间难以无缝连接的问题，从而达到降低物流成本、提高效率、提升管理和服务水平的目的。

智慧物流信息平台通过利用现代化信息技术与管理理念可提高物流作业效率；扩大物流业务范围，降低物流成本；实现综合监管，提高企业内部管理水平；提高相关企业服务水平，带动区域经济发展。

6.2 智慧物流信息平台设计原则与目标

6.2.1 智慧物流信息平台设计原则

智慧物流信息平台是一个庞大而复杂的系统，因此在平台建设上要采用先进的建设思想，不仅要能够满足用户当前的需求，而且要能够随着需求的增加而扩展。平台设计采取的技术路线是：采用成熟的软硬件技术，努力开拓建设智慧物流信息平台的新技术。因此平台在保证经济实用的前提下，还要遵循如下原则。

1. 规范性

智慧物流信息平台必须支持各种开放的标准，不论是操作系统、数据库管理系统、开发工具、应用开发平台等系统软件，还是工作站、服务器、网络等硬件都要符合当前主流的国家标准、行业标准和计算机软硬件标准。

2. 先进性

在平台构建过程中应尽可能地利用一些成熟的、先进的技术手段，使系统具有更强的生命力。

3. 可扩展性

智慧物流信息平台的规划设计在充分考虑与现有系统无缝对接的基础上，要考虑未来新技术的发展对平台的影响，保证平台改造与升级的便利性，以适应新的技术与新的应用功能的要求。

4. 开放性

智慧物流信息平台应充分考虑与外界信息系统之间的信息交换，因为它是一个开放的系统，需要通过接口与外界的其他平台或是系统相连接，因此智慧物流信息平台的规划设计要充分考虑平台与外界系统的信息交换。

5. 安全可靠性

智慧物流信息平台的业务系统直接面向广大用户，在业务系统上流动的信息直接关系到用户的经济利益，并且这些信息都是高度共享的，因此只有保证系统的高度安全，才能保证信息传输的安全性，才能为用户的利益提供保障。

6. 合作性

智慧物流信息平台需要整合不同部门的信息，需要政府、企业、商家和信息系统开发商等多方参与系统的开发、维护和使用，只有各方统一规则、通力合作、积极参与，才会取得良好的效益。

6.2.2　智慧物流信息平台设计目标

智慧物流信息平台将智慧物流理念贯穿于整个平台的规划和运营中，通过大数据、云计算、物联网等新技术，建立开放、透明、共享的物流信息平台，为物流企业、电子商务企业、仓储企业、第三方第四方物流服务商、供应链服务商等各类企业提供一体化的物流服务解决方案，从而达到物流服务一体化、物流过程可视化、物流交易电子化、物流资源集成化、物流运作标准化、客户服务个性化的目标。

1. 物流服务一体化

智慧物流信息平台对主要物流业务进行整合，消除物流业务之间不能无缝对接的情况，提高不同业务的协同和整合能力，提高物流服务整体效率。

2. 物流过程可视化

智慧物流信息平台通过应用大数据技术、物联网技术、云计算技术、全球卫星定位系统等技术，使物流活动的整个过程透明可追溯，对物流运营进行全面管控和规范化管理，提高物流运作效率。

3. 物流交易电子化

智慧物流信息平台的物流电子商务功能提升了物流服务交易效率，提高了客户和物流企业的互动效率，降低了物流服务的搜寻和交易成本，提高了客户满意度。

4. 物流资源集成化

智慧物流信息平台通过整合各类物流资源，对其进行合理化分类管理和调度，将更有效地调度更多的社会物流资源，实现物流活动的智慧化。

5. 物流运作标准化

智慧物流信息平台对物流运作方案实行全面标准化管理，实现标准化信息管理和物流业务运作，提高管理效率和防范风险能力。

6. 客户服务个性化

智慧物流信息平台以客户需求为目标，能满足不同客户的多样化需求，为客户提供更加专业、细致、多样化的个性化智慧物流服务，提升企业服务水平及服务效率，从而提高客户满意度。

6.3 智慧物流信息平台业务及功能体系设计

6.3.1 智慧物流信息平台业务体系设计

本节中的智慧物流信息平台业务主要指智慧物流商物管理、智慧物流供应链管理及智慧物流业务综合管控三个层面的物流业务。智慧物流商物管理业务主要是对商物的品类、流量流向、供需及商物协同等方面的管理；智慧物流供应链管理从供应链的角度出发，主要对采购物流、生产物流、销售物流等业务进行管理；智慧物流业务综合管控以仓储、配送、运输为核心业务，除此之外还包括货物信息发布、物流过程控制等一些增值业务。

从宏观的物流商物管理到中观的物流供应链管理，再到微观的物流业务综合管控，各层面的物流业务有所不同。针对我国智慧物流的发展现状及相关企业对智慧物流信息平台的需求，智慧物流信息平台根据各层面的业务特点将其合理科学地按一定层次组织在一起，形成了智慧物流信息平台业务体系。智慧物流信息平台的业务体系，主要从智慧物流商物管理、智慧物流供应链管理及智慧物流业务综合管控三个层面进行构建，具体如图6-1所示。

智慧物流信息平台从宏观物流、中观物流、微观物流三个角度出发，分别对智慧物流商物管理、智慧物流供应链管理、智慧物流业务综合管控三个层面的业务进行了详细设计。

1. 智慧物流商物管理

智慧物流商物管理是按照商品类别、货物性质、产品类型等不同分类标准和规则，将商物分为不同品类。在物品分类的基础上，根据不同商物品类的特点性质对商物进行相关业务管理，主要包括商物品类管理、商物流量流向管理、商物供需管理、商物协同管理，从而满足客户的多样化需求，提高企业服务水平。

2. 智慧物流供应链管理

智慧物流供应链管理是从供应链角度出发，对整个供应链过程进行管理监督。主要包括采购物流管理、生产物流管理、销售物流管理及一体化物流管理等业务；通过对供应链相关业务的管理监控，实现供应链的协同一体化。

3. 智慧物流业务综合管控

智慧物流业务综合管控主要是对仓储、配送、运输等物流核心业务进行管理，主要包括自动仓储管理、运输与配送管理、物流过程控制、分析与决策优化、货物信息发布及增值服务等业务。通过对物流各业务过程的管理，实现物流业务操作的可视化及智能化。

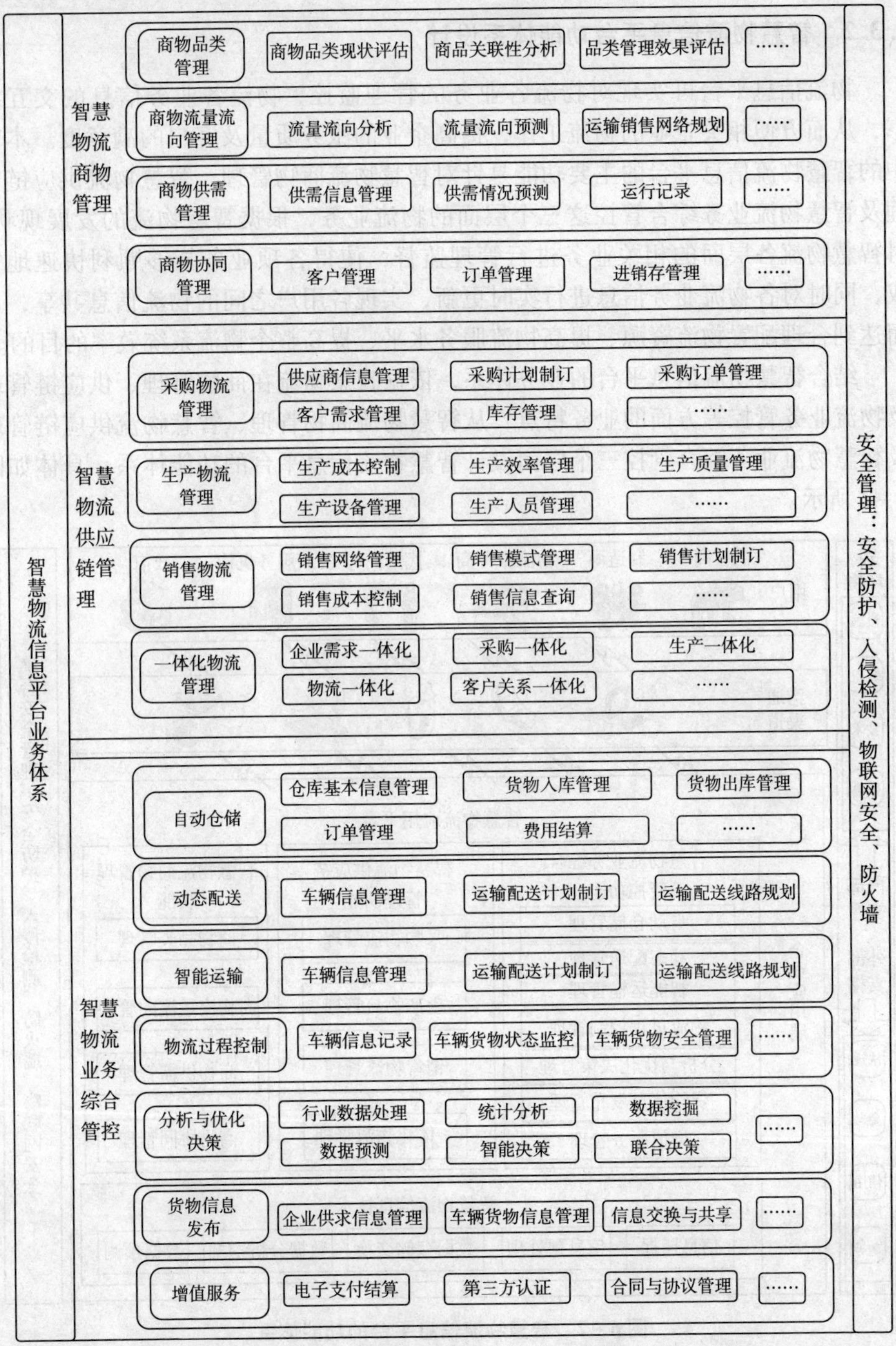

商物品类管理	商物品类现状评估	商品关联性分析	品类管理效果评估	……
商物流量流向管理	流量流向分析	流量流向预测	运输销售网络规划	……
商物供需管理	供需信息管理	供需情况预测	运行记录	……
商物协同管理	客户管理	订单管理	进销存管理	……

（智慧物流商物管理）

采购物流管理	供应商信息管理	采购计划制订	采购订单管理
	客户需求管理	库存管理	……
生产物流管理	生产成本控制	生产效率管理	生产质量管理
	生产设备管理	生产人员管理	……
销售物流管理	销售网络管理	销售模式管理	销售计划制订
	销售成本控制	销售信息查询	……
一体化物流管理	企业需求一体化	采购一体化	生产一体化
	物流一体化	客户关系一体化	……

（智慧物流供应链管理）

自动仓储	仓库基本信息管理	货物入库管理	货物出库管理
	订单管理	费用结算	……
动态配送	车辆信息管理	运输配送计划制订	运输配送线路规划
智能运输	车辆信息管理	运输配送计划制订	运输配送线路规划
物流过程控制	车辆信息记录	车辆货物状态监控	车辆货物安全管理 ……
分析与优化决策	行业数据处理	统计分析	数据挖掘
	数据预测	智能决策	联合决策 ……
货物信息发布	企业供求信息管理	车辆货物信息管理	信息交换与共享
增值服务	电子支付结算	第三方认证	合同与协议管理 ……

（智慧物流业务综合管控）

智慧物流信息平台业务体系

安全管理：安全防护、入侵检测、物联网安全、防火墙

图 6-1 智慧物流信息平台业务体系

6.3.2 智慧物流信息平台功能体系设计

物流信息平台可实现对物流各业务的管理监控、物流各业务信息的交互共享，从而方便相关企业的物流工作，提高企业的服务质量及客户的满意度。本节中的智慧物流信息平台的主要功能是针对智慧物流商物管理、智慧物流供应链管理及智慧物流业务综合管控这三个层面的物流业务，根据智慧物流的发展现状，对智慧物流各层面的相关业务进行管理监督，使得各项业务能够顺利快速地完成，同时对各物流业务信息进行实时更新，实现各用户之间的物流信息共享，从而达到合理配置物流资源、提高物流服务水平、提高整个物流系统效率的目的。

结合智慧物流信息平台的业务体系，依据智慧物流在商物管理、供应链管理及物流业务管控等方面的业务特点，从智慧物流商物管理、智慧物流供应链管理及智慧物流业务综合管控三个层面设计智慧物流信息平台的功能体系，具体如图6-2所示。

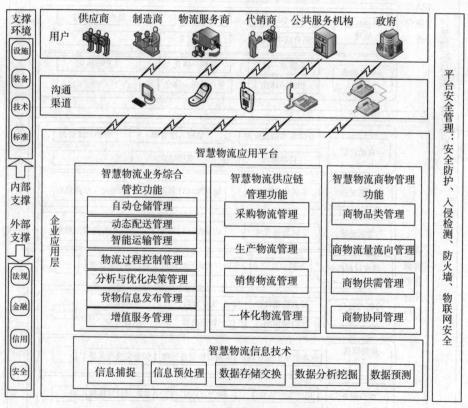

图 6-2 智慧物流信息平台的功能体系

1. 智慧物流商物管理信息平台功能

智慧物流商物管理信息平台从商品货物流通的角度出发，对商品货物的品类、流量流向、供需管理及协同管理进行智能管控。

1）商物品类管理

商物品类管理是指按照不同分类标准对商物进行分类，其中按商品类别不同，可将商物分为食品类、五金类、化工类等；按货物性质不同，可将商物分为普通货物和特殊货物；按产品类型不同，可将商物分为农产品和工业品等。智慧物流商物管理信息平台在商物分类的基础上，利用大数据及其智能处理技术，系统地收集、存储货物品类信息、进出历史记录、货物进出状况、生产地及消费地等数据，掌握客户对不同商品的消费情况，利用历史数据对客户的需求进行预测，从而向客户提供超值的产品或服务来提高企业的营运效果。

2）商物流量流向管理

智慧物流商物管理信息平台可对不同商物流通过程中的流量、流向进行量化处理，根据某类商品在不同区域的生产消费结构和客户需求，科学合理地规划商品销售网络，从而实现社会资源的合理配置，提高资源的利用水平。

3）商物供需管理

智慧物流商物管理信息平台利用大数据捕捉、处理、分析、预测等技术，通过对各种商品货物供需数据的收集及分析，可掌握商品在不同区域的供需情况。根据商物实际供需情况，对商物的供需市场进行调节，从而实现商物的供需平衡。

4）商物协同管理

智慧物流商物管理信息平台可对不同品类商品的采购、生产、销售整个过程进行协同管理，从而实现商品流通过程的可视化、智慧化监管，优化企业商物综合管理体系，节省人力资源开支，提高企业运营效率。同时，商物协同管理还可对商物的核心节点和主要通道进行管理控制，保证商物在整个运输网络中的顺畅流通。

2. 智慧物流供应链管理信息平台功能

基于大数据所形成的智慧物流供应链强调供应链的数据智慧性、网络协同化、决策系统化。智慧物流供应链管理信息平台利用大数据等先进技术，从供应链角度出发，可实现对整个供应链管理业务的智能监控管理。

销售物流的管控服务通过大数据和信息技术等对销售量、销售对象、销售品类、销售流向等信息的捕捉、分析、处理和预测，充分考虑相关因素，可以指导采购和生产计划的决策，预测未来发展趋势，有效优化流程和规避风险。

客户信息管控服务通过对客户类型、消费品类、流量流向、时间分布和地域分布等相关数据的捕捉和分析，预测客户未来需求趋势的 TOP10，规划、调整、指导供求平衡，满足不同客户对不同货物的服务需求。

1）采购物流管理

采购物流是指包括原材料等一切生产物资的采购、进货运输、仓储、库存管理、用料管理和供应管理。智慧物流供应链管理信息平台可对采购物流整个过程中涉及的供应商、库存情况、采购计划、采购渠道、采购订单、客户需求等进行管理，对采购过程进行严密的跟踪、监督，从而实现企业对采购活动执行过程的科学智能管理。

2）生产物流管理

生产物流是指在生产工艺中的物流活动，是指从原材料购进开始直到产成品发送为止的全过程的物流活动。智慧物流供应链管理信息平台可对企业生产物流全过程进行全程监管跟踪，科学管理生产物料及生产设备、有效控制生产成本，从而使企业可以全面、快速、有效地控制整个生产过程。

3）销售物流管理

销售物流是指生产企业、流通企业在出售商品时，物品在供方与需方之间的实体流动，是企业物流系统的最后一个环节。智慧物流供应链管理信息平台可对企业销售物流业务进行综合管控，对商品的包装、储存、运输配送、流通加工等整个销售过程进行管理，同时可对企业销售物流网路进行规划与设计，实现企业销售过程的自动化、可视化和智能化。

4）一体化物流管理

智慧物流供应链管理信息平台以一体化机制为前提，以一体化技术为支撑，以信息共享为基础，从系统的全局观出发，通过整合供应链上下游各个企业的信息，通过高质量的信息传递与共享，实现供应链节点企业的战略协同、技术协同和信息协同。

3. 智慧物流业务综合管控信息平台功能

智慧物流业务综合管控信息平台从物流的基本业务角度出发，对货物的仓储、运输、配送等基本物流业务进行管控。

1）自动仓储管理

智慧物流业务综合管控信息平台可利用大数据相关技术对企业货物仓储、出入库、客户统计等活动进行全方位管理，提高仓储效率，降低仓储成本。

2）动态配送

智慧物流业务综合管控信息平台在利用调度优化模型生成智能配送计划的基础上，采用多种先进技术对物流配送过程进行智能化管理，可有效降低物流配送的管理成本，提高配送过程中的服务质量，保障车辆和货品的安全，并对物流配送环节进行可视化管理。

3）智能运输

智慧物流业务综合管控信息平台通过综合考虑货物种类、数量、特点，制订合理的货物运输计划，智能生成运输路线，对货物运输过程进行全程监管，以保证货物在安全、快速地送达目的地的同时，节省运输资源，提高运输质量及运输效率。

4）物流过程控制

智慧物流业务综合管控信息平台可利用物联网技术对在途车辆及货物进行实时跟踪监控，当发现车辆或货物存在安全隐患时，及时向车辆及司机发出警告，保证车辆和货物在运输配送过程中的安全，实现货物运输配送过程的可视化监管。

5）分析与优化决策

智慧物流业务综合管控信息平台可利用物流过程中产生的各种数据，通过大数据分析预测技术，对海量数据进行处理分析，挖掘客户与物流规律，为企业决策者做出正确的决策提供依据。

6）货物信息发布

智慧物流业务综合管控信息平台可对生产企业、物流企业、商贸企业的各类货物信息、物流资源进行整合分类，通过信息交换技术实现各企业之间的信息共享，保证货运相关信息的实时发布，从而帮助企业获得更多的行业动态信息，提高企业的运营效率。

7）增值服务功能

智慧物流业务综合管控信息平台除了提供一些基本的物流服务外，还可为用户提供包括电子支付结算、第三方认证、合同与协议管理和违约处理等各种延伸增值服务，从而提高企业的服务质量及运营管理效率。

6.4   智慧物流信息平台关键技术研究

6.4.1   大数据技术

大数据是指所涉及的资料量规模巨大到无法通过目前主流软件工具，在合理时间内完成提取、管理、处理，并整理数据的任务。大数据具有数据规模巨大、数据类型多样化、数据价值密度低、数据处理速度快的特征。大数据技术可从各种类型的数据中快速获得有价值的信息。其关键技术一般包括：大数据捕捉技术、大数据预处理技术、大数据存储及管理技术、大数据分析及挖掘技术，以及大数据可视化技术，如图6-3所示。

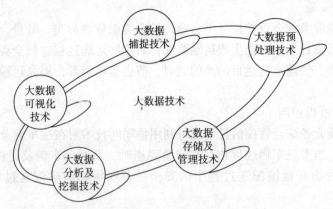

图6-3　大数据关键技术

1. 大数据捕捉技术

大数据捕捉技术通过不断发展的数据收集方法及技术获取各种数据类型的海量数据，其中最常见的数据类型有普通文本、照片、视频等，还有像位置信息、链接信息等 XML 类型的数据。

2. 大数据预处理技术

大数据预处理技术主要完成对已接收数据的辨析、抽取、清洗等操作。大数据预处理技术通过辨析获得有价值的数据，并将复杂的数据转化为单一的或者便于处理的构型，从而达到快速分析处理的目的。

3. 大数据存储及管理技术

大数据存储及管理技术通过存储器把采集到的数据存储起来，按照特定的业务需求，建立相应的数据库，对数据进行提取、操作和分析，形成企业所需要的目标数据，并对数据进行管理和调用。

4. 大数据分析及挖掘技术

大数据分析及挖掘技术是指从大量的、不完全的、有噪声的、模糊的、随机的实际应用数据中，提取隐含在其中的、人们事先不知道的、但又是潜在有用的信息和知识的过程。

5. 大数据可视化技术

大数据可视化技术是指从大数据中解析到模式，根据对模式的观察选取创造一定的可视化方法，把表达模式的数值关系通过图形图像空间或色度空间影射到人的视觉空间，实现数据的可视化。

6.4.2 云计算技术

云计算是一种新型的超级计算方式，以数据为中心，是一种数据密集型的超级计算。其关键技术主要包括虚拟化技术、分布式海量数据存储、海量数据管理技术、编程方式、云计算平台管理技术等，如图6－4所示。

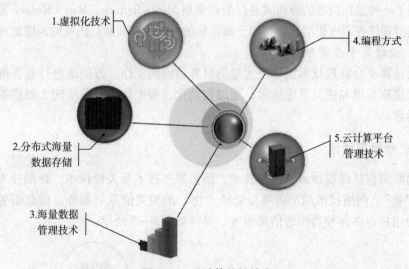

1.虚拟化技术

4.编程方式

2.分布式海量
数据存储

5.云计算平台
管理技术

3.海量数据
管理技术

图6－4　云计算关键技术

1. 虚拟化技术

虚拟化技术是指计算元件在虚拟的基础上而不是真实的基础上运行，它可以扩大硬件的容量，简化软件的重新配置过程，减少软件虚拟机相关开销和支持更广泛的操作系统。通过虚拟化技术可实现软件应用与底层硬件相隔离，包括将单个资源划分成多个虚拟资源的裂分模式，也包括将多个资源整合成一个虚拟资源的聚合模式。虚拟化技术主要应用在CPU、操作系统、服务器等多个方面，是提高服务效率的最佳解决方案。

2. 分布式海量数据存储

云计算系统由大量服务器组成，同时为大量用户服务，因此云计算系统采用分布式存储的方式存储数据，用冗余存储的方式（集群计算、数据冗余和分布式存储）保证数据的可靠性。这种方式可保证分布式数据的高可用、高可靠和经济性，即为同一份数据存储多个副本。

3. 海量数据管理技术

云计算需要对分布的、海量的数据进行处理、分析，因此，数据管理技术必需能够高效地管理大量的数据。云计算系统中的数据管理技术主要是 Google 的

Chubby 数据管理技术和 Hadoop 团队开发的开源数据管理模块 HBase。如何在规模巨大的分布式数据中找到特定的数据，如何保证数据安全性和数据访问高效性都是云计算数据管理技术所必须解决的问题。

4. 编程方式

云计算提供了分布式的计算模式，客观上要求必须有分布式的编程模式。云计算采用了一种思想简洁的分布式并行编程模型 Map – Reduce。Map – Reduce 是一种编程模型和任务调度模型，主要用于数据集的并行运算和并行任务的调度处理。

5. 云计算平台管理技术

云计算平台管理技术能够使大量的服务器协同工作，方便地进行业务部署和开通，快速发现和恢复系统故障，通过自动化、智能化的手段实现大规模系统的可靠运营。

6.4.3　物联网技术

物联网包括终端技术、网络技术、信息服务技术等关键技术。终端技术用于感知"物"，网络技术用于传递与交换"物"的相关信息与服务，信息服务技术用于为用户提供各种类型的信息服务，具体如图 6 – 5 所示。

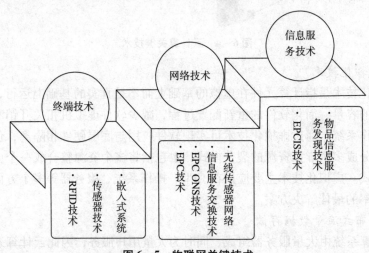

图 6 – 5　物联网关键技术

1. 终端技术

物联网的终端技术用于感知"物"，主要包括 RFID 技术、传感器技术、嵌入式系统。RFID 技术的目的是标识物，给每个物品一个"身份证"；传感器技术的目的是及时、准确地获取外界事物的各种信息，如温度、湿度等；嵌入式系统的目的是实现对设备的控制、监视或管理等功能。

2. 网络技术

网络技术用于传递与交换"物"的相关信息与服务，主要包括 EPC 系统、EPC ONS 技术、信息服务交换技术及无线传感网。其中，EPC 技术针对 RFID 技术，实现物品信息服务的传递与交换，从而实现物流供应链的自动追踪管理。信息服务交换技术在 EPC 技术的基础上，面向所有信息服务，实现信息服务的整合与共享。无线传感网采用无线通信方式，以网络为信息传递载体，实现物与物、物与人之间的信息交互。

3. 信息服务技术

EPCIS 所扮演的角色是 EPC Network 中的数据存储中心，所有与 EPC 码有关的数据都放在 EPCIS 中。除了数据存储功能外，也提供了一个标准的接口，以实现信息的共享。在 EPC Network 中，供应链中的企业包含制造商、流通商、零售商，都需要提供 EPCIS，只是共享的信息内容有所差异。EPCIS 采用 Web Service 技术，通过接口让其他的应用系统或者交易伙伴得以进行信息的查询或更新。通过 EPC 信息服务，可以掌握具体的产品流通过程及其他与产品相关的信息。

6.4.4　SOA 架构技术

面向服务的体系结构（service oriented architecture，SOA）是一个组件模型。它通过在服务之间定义良好的接口和契约，将应用程序的不同功能单元联系起来，使得构建在智慧物流信息平台中的服务可以一种统一和通用的方式进行交互。SOA 架构示意图如图 6–6 所示。

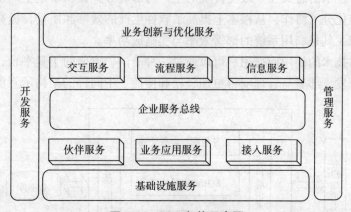

图 6–6　SOA 架构示意图

SOA 不同于现有的分布式技术之处在于可以实现 SOA 的平台或应用程序。SOA 能够在最新的和现有的应用之上创建应用；SOA 能够免于受服务实现的改变所带来的影响；SOA 能够升级单个服务而无须重写整个应用，也无须保留已经不再适用于新需求的现有系统。

　　智慧物流信息平台上接入的是不同种类的操作系统，而且智慧物流信息平台需要接入更多新的应用系统和软件。因此智慧物流信息平台需要具备对业务的变化做出快速的反应，利用现有的应用程序和应用基础结构解决新的业务需求，呈现一个可以支持有机业务构架的能力，SOA 构架技术可为智慧物流信息平台提供这一能力。

6.4.5　Web Service 技术

　　Web Service 就是可以通过 Web 描述、发布、定位和调用的模块化应用，它是一种构建应用程序的普通模型，并能在所有支持 Internet 通信的操作系统上实施运行。Web Service 可以执行任何功能，从简单的请求到复杂的业务过程。一旦部署 Web Service，其他的应用程序或是 Web Service 就能够发现并且调用这个部署的服务。. NET 和 J2EE 都可以很好地实现 Web Service。

　　从本质上说，SOA 是一种架构模式，而 Web Service 是利用一组标准实现的服务。Web Service 是实现 SOA 的方式之一。因此，用 Web Service 来实现 SOA 可以通过一个中立平台来获得服务，而且随着越来越多的软件商支持越来越多的 Web Service 规范，将会使 Web Service 技术取得更好的通用性。

6.4.6　中间件技术

　　中间件技术的意义在于改变传统的生产与部署方式，从个别生产发展到基于构件的标准化分工协作，从根本上提高了软件生产的效率和质量，提高了开发大型软件系统尤其是商用系统的部署效率与实施成功率。

　　中间件技术的使用使得用户可以通过一种简洁、方便的工具平台，使企业的计算系统开发、部署与管理变得更加轻松和便捷。中间件的架构示意图如图6－7所示。

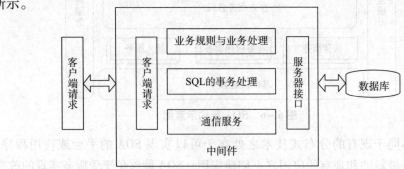

图6－7　中间件的架构示意图

基于大数据的智能物流信息平台中所需要应用的中间件技术主要包括企业集成应用（EAI）中间件、无线应用中间件、自适应中间件和嵌入式中间件等。

6.5　智慧物流信息平台总体架构

在对智慧物流业务信息化分析的基础上，以智慧物流信息平台的发展目标为指导，基于智慧物流信息平台设计的原则与目标，构建如图6-8所示的智慧物流信息平台总体架构。该架构可划分为基础环境层、应用支撑层、企业应用层和智能决策支持等四个层次。

6.5.1　基础环境层

1. 平台支撑环境层

基于物联网的技术架构支撑环境层包括系统的运营环境、操作系统环境、数据库及数据仓库环境。它们为物流系统运行、开发工具的使用、Web Service 服务和大规模数据采集与存储等提供了环境支撑，保障了整个平台架构的运营环境完整性。

2. 网络平台

网络平台包括物联网的承载网络、广域互联网、移动通信网、局域网、车载网，以及网络设备和接入隔离设备。网络层与相关系统接口可为 Web Service 信息服务、资源寻址服务等提供服务基础，用以支持关联企业进行相关业务的信息传输与共享。

6.5.2　应用支撑层

1. 技术支持平台

技术支持平台一方面通过服务引擎与资源、数据访问服务及大数据技术相关功能有机的结合，以身份认证服务、工作流引擎、调度引擎、规则引擎、日志服务异常处理机制、元数据服务等关键功能为基础，实现系统的数据管理、业务过程执行引擎等功能。另一方面通过云计算平台、数据交换平台、数据字典等对相关数据在企业业务应用提供传输、处理、转换等功能支持。此外，应用技术支撑层还引入了相关开发工具集，为各种复杂的企业及商业应用系统提供专业、安全、高效、可靠的开发、部署和运行企业管理应用软件的开发工具平台。

2. 外部支持平台

外部支持平台主要指物流企业、供应商、制造商、零售商及客户等多个平台应用主体提供完成各项业务所需的外部平台，主要包括电子商务平台、电子政务

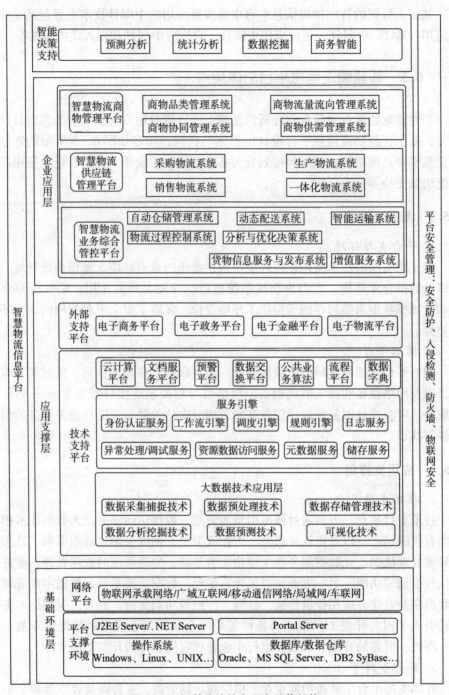

图 6-8　智慧物流信息平台总体架构

平台、电子金融平台和电子物流平台。电子商务平台协调和规范各相关企业之间的商业活动；电子政务平台向企业提供更加有效、便利的报税、监管、工商、检疫等政府管理功能和服务；电子金融平台通过电子银行或第三方支付平台、网上投保实现在线电子款项的交付，加快资金流转；电子物流平台实现物流操作全程信息化，提供快捷下单、发布信息、查询物流状况等功能。外部支持平台为各参与主体提供统一、高效的可视化服务界面，从而实现企业级协同工作与服务，以及动态联盟间有效的信息协同和信息共享。

6.5.3 企业应用层

基于智慧物流的业务体系与业务流程，根据核心业务、辅助业务与增值业务的关联关系，通过设计智慧物流信息平台业务应用层，为各相关企业提供信息支持与运营保障。智慧物流信息平台业务应用层利用相关技术实现各应用系统的互联互通与信息共享，从而降低物流成本、提高物流业务运营效率与管理水平，达到业务运行管理的集中化、可视化、规范化、协同化及智能化等目标。

1. 智慧物流商物管理平台

智慧物流商物管理平台是基于对商品货物宏观管理的需求，通过数据捕捉技术、数据预处理技术、数据存储管理技术、数据分析挖掘技术及数据可视化技术等大数据技术，对商品货物的品类、流量流向、供需及商品协同等进行管理。智慧物流商物管理平台主要包括商物品类管理系统、商物流量流向管理系统、商物供需管理系统及商物协同管理系统。

1）商物品类管理系统

智慧物流商物品类管理系统通过利用大数据相关技术，对客户购买商品货物的喜好行为、商品货物的关联性和替代性进行深入分析及预测，帮助企业定制商品货物的展示、定价、促销等多方位的管理。该系统可在品类管理实施之前，对企业和品类现状进行评估，在品类管理实施之后，可从销量、利润、库存、脱销、单位产出及人力投入等方面对企业品类管理效果进行评估。商物品类管理协同可根据客户的喜好为客户提供多样化的产品选择，并能够在有效管理下控制库存，创造供货商、零售商与消费者三赢的局面。

2）商物流量流向管理系统

智慧物流商物管理系统通过利用大数据捕捉、大数据预处理、大数据分析挖掘及大数据预测等相关技术，对不同商物的流量流向进行统计分析，发现商物的生产消费特点，并根据客户的需求对商物未来的流量流向进行预测，根据预测结果规划商物运输销售网络，从而实现企业对商物流量流向的可视化管理，实现企业及社会资源的合理化配置。

3）商物供需管理系统

智慧物流商物供需管理系统通过利用大数据捕捉、大数据预处理、大数据分析挖掘及大数据预测等相关技术，对商物供需情况、区域消费特点进行统计分析，共享商物供需信息，为供应商、生产制造商及销售商等及时准确地提供供需信息，以保证商物供需市场的平衡，从而达到快速响应客户需求的目的。

4）商物协同管理系统

智慧物流商物协同管理系统根据品类分类形式，针对不同品类的特点，从商品原材料的采购、商品的生产到商品的销售进行管理，对商品流通的整个过程进行智能化管理监控。除此之外，商物协同管理系统可根据实际情况对商物的核心和主要通道进行优化管理，从而实现商物的协同管理。

2. 智慧物流供应链管理平台

智慧物流供应链管理平台是基于协同供应链管理的思想，配合供应链中各实体的业务需求，使操作流程和信息系统紧密配合，做到供应链各环节无缝链接，形成物流、信息流、单证流、商流和资金流五流合一的领先模式，实现供应链可视化，管理信息化，整体利益最大化，管理成本最小化，从而提高总体管理水平。

智慧物流供应链管理平台主要包括采购物流、生产物流、销售物流及一体化物流四个管理系统。

1）采购物流系统

采购物流系统是对企业采购申请、采购订货、进料检验、库存管理、采购退货、购货发票处理、供应商管理、价格及供货信息管理、订单管理，以及质量检验管理等功能综合运用的管理系统。采购物流系统通过对采购物流和资金流的全部过程进行有效的双向控制和跟踪，从而实现完善的企业物资供应信息管理。

2）生产物流系统

生产物流系统通过帮助企业建立一个规范准确即时的生产数据库，从而实现企业生产业务、库存业务一体化管理工作。生产物流系统能够帮助企业管理者随时了解生产情况、库存存货情况，自动生成生产配料单，跟踪整个生产过程，科学管理生产物料，有效控制生产成本，及时了解产品产量及库存的业务细节，发现存在的问题，避免库存积压，快速响应市场。生产物流可以使企业提高管理效率，掌握及时、准确、全面的生产动态，有效控制生产过程。

3）销售物流系统

销售物流系统可实现客户档案、销售线索、销售活动、业务报告、销售业绩管理的自动化、可视化及智能化，协助企业销售人员快速管理客户、销售和业务数据。销售物流系统整合了销售全面业务，有效建立客户资料、价格体系、信用额度、应收款期限等关键环节业务管控，帮助销售管理人员详尽地掌握销售业务整体情况，快速把握销售状况，快速应对市场变化，减少坏账，规避销售风险。

4）一体化物流系统

一体化物流系统可实现供应链节点企业之间的一体化管理，主要包括各节点企业的需求预测一体化、产品设计一体化、采购一体化、计划一体化、库存一体化、制造一体化、物流一体化、销售及服务一体化、财务一体化、客户关系一体化和价值增值一体化等。一体化物流通过高质量的信息传递与共享、端到端的业务流程整合，使得各个合作环节的业务"对接"更加紧密，从而实现与供应链上供应商、客户之间，企业不同部门、分支机构之间的业务协作和计划协调。

3. 智慧物流业务综合管控平台

智慧物流业务综合管控平台企业应用层包括自动仓储管理系统、动态配送管理系统、智能运输管理系统、物流过程控制系统、分析与优化决策系统、货运信息发布系统及增值服务系统七个系统。

1）自动仓储管理系统

自动仓储管理系统是集仓储管理、货物管理、仓储货物进出库管理、客户统计、进出库统计等功能于一身的综合性自动仓储管理系统。自动仓储管理系统利用数据共享和数据挖掘，解决货物频繁的不必要的出入库行为，为企业节省大量物流费用，提高工作效率。同时利用智能终端、电子平台随时监控仓储情况，进行数据分析，形成仓储产品指数，指导仓储及上下游企业业务合理化运行。

2）动态配送管理系统

动态配送管理系统是直接面向具体的物流配送指挥和操作层面的智能化系统，该系统可通过综合考虑货物的种类、数量、配送时间、配送组织形式及配送采用模式等因素，帮助中转中心、调度中心及物流配送中心进行车辆调度、货物分装及行车路线的规划，实现商品包裹的合并配送，从而节省配送费用及物流资源。

3）智能运输管理系统

智能运输管理系统是面向具体物流运输指挥和操作层面的智能化系统，该系统利用调度优化模型完成车辆调度，优化车辆的行车路线，生成智能运输计划，通过利用 GPS、GIS 及物联网等技术实时获取车辆位置及路况变化情况，并采用多种先进技术对货物运输过程进行智能化管理。

4）物流过程控制系统

物流过程控制系统利用物联网相关技术对车辆进行全程动态跟踪，自动记录车辆出发时间、出发地点等信息，并利用 GPS 车载终端进行途中实时监控。车辆到达目的地后，信息平台自动记录到达时间、停放位置等信息。相关企业可通过本系统实时查看车辆的地理位置、状态及是否可供使用等信息。

同时，此系统还可实现对物流过程实时监控。该系统综合运用模式识别、信息融合技术、数据挖掘等技术对车辆和货物建立不同的安全状态评估模型，实现对车辆和货物安全状态的预测。当发现车辆或货物存在安全隐患时，系统将及时向车辆及司机发送矫正数据和语音提示等信息，从而保证车辆和货物的安全。

5）分析与优化决策系统

分析系统主要利用大数据技术，通过对海量终端感知信息、订单信息及客户分布规律等进行智能分析，挖掘潜在客户及物流规律，将系统在运行过程中的历史数据保存下来。然后进行挖掘分析并发现物流作业活动中的漏洞，实现物流智慧化。在智能分析的基础上，优化决策系统依据物流的时间、成本、服务、物流数据、客户需要等决策因素对风险进行有效预测和评估，制定出更加合理、准确和科学的决策。

6）货运信息服务与发布系统

货运信息服务与发布系统将物流企业、生产制造企业和商贸企业的各类信息汇集到系统数据库进行综合管理，并通过对各类货运相关信息的整理和汇集，搭建统一的信息交换系统，组织有效的数据对接，实现货运信息的实时发布。智慧物流信息平台依托货运信息服务与发布系统，聚集与整合平台内外的相关企业的物流资源，为各类企业提供货物与车辆动态信息、企业供求信息的浏览与查询功能，帮助企业获得更多的行业动态信息，提高企业的运营效率。

7）增值服务系统

增值服务系统包括电子支付与结算、第三方认证、合同与协议管理和违约处理管理系统。电子支付与结算系统提供网上支付、移动支付、终端支付等电子支付手段及支付宝、银联电子等第三方支付手段；第三方认证用于对用户身份验证及外部平台接入的认证，保障交易双方能够安全地进行货币支付和资金流转；合同与协议管理和违约处理管理系统提供标准化的协议条款用以加速交易双方的谈判效率，并以第三方的角色监督智慧物流服务在协议的约束下履行。

6.5.4 智能决策支持层

智能决策支持层将决策支持系统与人工智能相结合，运用大数据等相关技术，将采集到的数据信息进行处理、分析，辅助决策者进行预测分析、统计分析、模拟决策和方案的制订，调用各种信息资源和分析工具充分利用各层次的信息资源，帮助决策者制定战略战术、进行管理控制及作业控制，从而提高企业智能决策水平和服务质量，帮助企业实现智能化管理。

6.6　智慧物流信息平台运营体系

6.6.1　智慧物流信息平台运营模式研究

随着我国物流产业的快速发展，我国在智慧物流信息化建设方面也已经积累了不少经验，物流信息平台运营模式也日趋完善。根据信息平台主体功能的不同，智慧物流信息平台的运营模式可以分为政府主导型、企业主导型、委托第三方企业运营三种模式。

1　政府主导型运营模式

政府主导型运营模式，即指智慧物流信息平台的规划、建设、运营和维护都由政府直接负责。在该运营模式下，政府负责出资建设，并负责规划、协调和整合各企业管理信息系统的资源，引导和吸引供应商、制造商、代销商、物流服务商进入平台。政府与各企业合作，企业为平台提供相应的资金支持。同时，政府与智慧物流信息平台的其他用户进行沟通与协调，各相关管理部门对平台提供政策支持。政府主导型运营模式如图 6-9 所示。

图 6-9　政府主导型运营模式

这种运营模式虽然具有很好的宏观调节性，能够整体把控物流信息平台的发展方向，但同时也存在一些不足之处，如政府管理控制下的物流信息平台管理系统不能及时与市场需求相互配合，容易造成信息偏失的问题。另外，这种运营模式需要国家长期对其进行投资以维护运行正常，经济性较差。

2. 企业主导型运营模式

企业主导型运营模式，即信息平台的投资建设及运营完全由企业自己负责。政府先规划，由企业自主经营，或是物流企业自主形成集聚模式，政府加以引导。企业主导型运营模式如图 6-10 所示。

这种运营模式下的物流信息平台管理系统更具灵活性，对市场行情的把握更加及时可靠。但由于企业自身的局限性，这种运营模式的整体规划性较差，不能

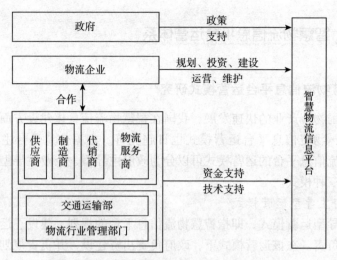

图 6 – 10   企业主导型运营模式

达到较大的规模，不利于物流信息平台管理系统的发展。

3. 委托第三方企业运营模式

委托第三方企业运营模式是指由政府或企业出资，并将物流信息平台的规划、建设、运营与维护等工作全部或部分外包给能提供运营服务的第三方企业。在该运营模式中，第三方企业是指具有先进 IT 技术的专业负责平台运营与维护的企业。该模式与企业主导运营模式相似，只是资金由政府或企业提供，运营主体则是专业的平台运营企业。委托第三方企业运营模式如图 6 – 11 所示。

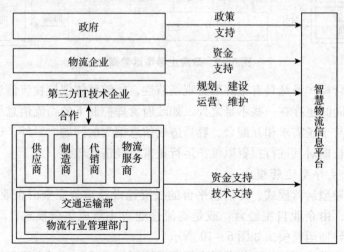

图 6 – 11   委托第三方企业运营模式

该运营模式可以减少投资方运营初期的投资，资金压力较小，但是存在业务组织体系复杂、利益关系复杂等问题。

4. 三种运营模式的特点及适用性

政府主导型运营、企业主导型运营及委托第三方企业运营这三种智慧物流运营模式有其各自的特点。企业在选择具体的运营模式时，应依据实际情况，根据这三种运营模式的优缺点及适用性选择合适的运营模式。这三种运营模式的优缺点及适用性如表6-1所示。

表6-1　三种运营模式的比较

运营模式	优点	缺点	适用性
政府主导型运营模式	1. 有效地获取政府资源和有利的政策环境； 2. 为平台的运营提供财力上的保障； 3. 便于信息平台建立运营； 4. 有效促进当地物流业与经济的发展	1. 政府缺乏管理经验，对操作流程不了解； 2. 政府对市场经济下物流企业的需求滞后，不能有效发挥信息平台的作用； 3. 政府承担的风险较大； 4. 不利于调动运行主体的积极性	主要存在于市场化程度不是很高的区域，或者物流业发展相对落后、市场与物流之间不能实现良好对接、有效拉动的地方
企业主导型运营模式	1. 实现了市场化运作，平台的运营与管理比较灵活； 2. 平台需求明确，建设速度快，建成后能很快发挥作用，产出效益高	1. 运营初期压力比较大，难以实现预期的规模； 2. 资金、技术、设备等方面存在的弊端会造成物流信息的流通不畅，物流平台割据，信息不能实现共享； 3. 无法发挥信息的聚合效应	市场经济相对发达的、传统的物流已不能够再有效地满足市场需求的地区。一般情况下，以地区市场从业者为主要推动力量
委托第三方企业运营模式	1. 各参与方形成利益的共同体，相互监督； 2. 运营方可提升自己的行业优势与经验价值，获取更多的利益； 3. 投资方可以弥补自身在运营管理上的不足，降低风险	1. 投资方将平台创造的利润与第三方企业共享，降低了投资方的利润。 2. 长期的合作会使投资方对第三方运营企业产生依赖性	前期资金不够充足、技术实力和资源优势不够明显，需要借助其他企业在相关方面提供帮助的企业

6.6.2　智慧物流信息平台运营模式选择

基于大数据的智慧物流信息平台具有大数据技术独特的属性和特点，是信息技术发展的新兴事物，国内外的研究都还在探索阶段。就我国大数据的发展现状来看，单纯以政府为投资主体建设和运营基于物联网的智慧物流信息平台不太现实，而单纯依靠企业投融资也非常困难。作为新兴事物，国内外还没有任何企业有成熟的运作经验，所以完全委托第三方模式也不具备应用价值。

通过分析这三种运营模式的特点和适用范围，结合智慧物流的发展现状，建议智慧物流信息平台采取"需求导向，协同规划，政府引导，企业运作"的企业主导的协同合作运营模式。该运营模式以企业应用的市场化需求为主导，由政府和企业共同投资规划。实施过程中由政府引导，企业负责实际运作。该运营模式集政府主导模式和企业主导模式的优势于一身，同时避免了它们的不利之处。该运营模式的实施路线图如图 6-12 所示。

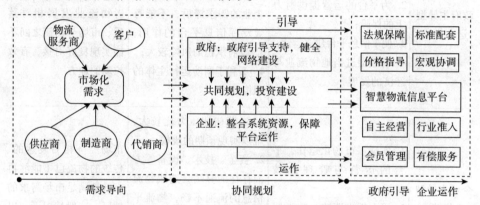

图 6-12　企业主导型的协同运营模式实施路线图

1. 需求导向，协同规划

智慧物流信息平台的运营要根据资金状况，分阶段逐步规划实施。以企业为主导的"自下而上"的协同模式是先由市场自发形成，由企业主动发起并逐步整合各物流信息系统的资源，完成各系统中大数据技术的应用，在物流行业内构建全面的大数据技术体系；而政府负责引导和支持，同时承担网络层基础设施的整合和建设，满足不同企业客户对智慧物流信息平台的需求，提高物流信息平台的效率，实现信息协同和智慧物流应用。

2. 政府引导，企业运作

企业主导型的协同运营模式将有效促进平台实现"政府引导，企业运作"的运作方式，即政府行业主管部门负责智慧物流信息平台的软环境，包括相关政策法规、业务流程、技术标准的配套实施，以及对信息服务价格进行指导，从宏观上对平台的管理进行综合协调；而企业作为平台的运作主体，具有丰富的平台运营与维护经验，通过政府相关的政策和行业协会制度的制约，利用自身的服务优势和技术优势，与其他相关企业合作，进而保障智慧物流信息平台的正常运作。

企业主导型的协同运营模式具有很强的市场操作特征，带有明显的营利性质。这种运营模式符合我国目前的国情和物流行业的发展现状，有利于推动大数据技术在物流行业的示范应用。智慧物流信息平台的规划、建设和运营是一项复杂的社会系统工程，需要政府、行业主管部门和企业建立三位一体的管理运行机制，共同努力和协调，推动大数据产业化发展，整合物流企业信息资源，优化智慧物流运作模式。

6.7　本章小结

本章主要从大数据背景下智慧物流信息平台设计入手，从智慧物流的发展及应用需求出发，研究了智慧物流信息平台的设计原则，分析设计了智慧物流信息平台的业务及功能体系，提出了信息平台的技术框架，建立基于宏观物流、中观物流、微观物流三个层面的智慧物流信息平台架构，最后针对平台的运营模式进行了研究，给出了不同情况下运营模式选择方案。智慧物流信息平台的设计研究对于提高物流信息资源的整合，改进物流相关业务流程，促进智慧物流的建设具有十分重要的意义。

参考文献

［1］李远远. 智慧物流信息平台规划研究［J］. 学术论坛，2013（5）：140 – 143.

［2］王惠烩，王明宇，何孟娜. 物联网和大数据技术在物流行业的影响及前景分析［J］. 电子商务，2014（7）：53 – 55.

［3］李芳菊，蒋建. GIS技术在现代物流信息平台中的应用［J］. 现代电子技术，2011，36（14）：32 – 33.

［4］王晓燕，熊燕舞. 大数据时代的智慧物流［J］. 运输经理世界，2013（10）：22 – 23.

［5］耿海涛. 关于物流信息平台管理系统的研究与设计［J］. 硅谷，2013（7）：45，14.

［6］刘亚姝. 区域物流信息平台运营模式研究［D］. 石家庄：石家庄经济学

院，2013.

[7] 尚鸿雁，刘小东，白永江. 物流信息平台的区分及规划运营模式研究［J］. 西北农林科技大学学报（社会科学版），2008（4）：72 - 76.

[8] 王智明，张云勇，房秉毅. 云化物联网在智慧物流的研究与应用［J］. 互联网天地，2013（3）：20 - 23.

[9] 罗人述. 智慧物流信息平台的构建［J］. 物流工程与管理，2014（1）：80 - 81.

[10] 余华峰. 基于云计算的物流信息平台构建［J］. 科技信息，2010（1）：51 - 52.

[11] 刘蔚然，刘莉娜. 大数据技术［J/OL］. 冶金设备管理与维修，2014，32（4）：33 - 36. DOI：10. 3969/j. issn. 1006 - 5644.

7 大数据背景下智慧物流运营框架研究

随着信息技术的演进，加之物流领域模式的创新，大数据技术成为未来智慧物流发展的动力，极大地推动了智慧物流行业的发展。智慧物流的理念开阔了物流行业的视野，先进的管理方式和快速发展的现代信息技术被引入到行业中，推动着物流行业的变革。本章针对大数据背景下智慧物流运营的相关问题，进行需求分析、组织框架分析、技术分析和运营框架设计。

 ## 7.1 大数据背景下智慧物流运营需求分析

目前，现代物流业正处于蓬勃发展时期，人们对物流业提出了更高的要求，物流业逐步迈向数字化、信息化、自动化、协同化、一体化和智能化。在大数据背景下，智慧物流运营呈现出新的趋势与特点。将大数据技术运用于智慧物流领域能够满足物流信息资源整合与共享的需求、物流业务流程优化的需求、物流综合管理集成化的需求、物流资源管理协同化的需求和物流安全管理一体化的需要、物流运营管理智能化的需求，具体如图7-1所示。

图7-1 智慧物流运营需求分析

1. 物流信息资源整合与共享的需求

信息资源整合与共享是物流整合战略中最重要的组成部分之一，是供应链实现整合的基础和技术保证。信息资源整合与共享是以信息技术为手段，对供应链上流动的信息（包括企业内部和企业间产生和流动的信息），进行采集、筛选、整理（分类、转换）、存储、传递和维护，通过分析提取对链上企业有用的共享信息，从而提高整个供应链的整体竞争优势的过程。具体来说，就是通过对需求信息、库存状况、生产计划、开工计划、促销计划、市场预测及运输计划等信息的共享，提高物流企业对市场的反应灵敏度，降低错误生产计划的发生率，从整体上提高供应链的价值。

信息资源整合与共享是物流供应链达到整体效益最高的必要手段和途径。大数据技术能够快速整合和管理不同类型的大容量数据，对原生形式的信息采用高级分析，通过网络实现信息共享，从而达到对物流供应链的高效管理效果。在物流供应链上的各企业可以利用这一平台来拓展信息增值服务，主要体现在通过获取准确、全面和及时的信息来为客户提供独一无二的服务。因此，必须提高物流企业信息资源的整合与共享水平，而大数据技术的应用，正是迎合了物流供应链上各企业的需求。

2. 物流业务流程优化的需求

整个物流过程中的业务环节很多，既有采购、存储、运输、包装、装卸搬运等环节，也有配送、流通加工、服务和销售等环节，这些都是不可或缺的，这些环节之间既相辅相成又相互制约。物流的业务流程很复杂且同时运行着多种数据流，包括信息流、商流、资金流和物流等。

为了发挥其最大社会效益和经济效益，企业就必须实时地、精确地了解和掌握整个物流环节上四种流的状态变化和流向，使这四流在各个环节、各个流程都步调一致、相互协同。然而，由于在实践过程中，实际的物体空间位置都在改变，各个环节的状态既变化又松散，当实体在空间和时间上发生改变时，物流信息也跟随着不断发生变化，结果既影响了信息的可获性，也破坏了信息的共享性，出错率高。而大数据技术等可以有效解决物流管理上各项业务运作数据实时、精确采集的问题，较好地解决了在业务过程中对物品的实时监控、控制与追踪等难题，进而实现物流系统中物品的透明化和可视化管理，优化物流业务流程。

3. 物流综合管理集成化的需求

物流综合管理集成化是指物流企业不同职能部门之间或不同物流企业之间在物流管理上的合作。

集成化的物流综合管理作为一种全新的管理模式，将动态的、多变的、目标不同的各个企业或者部门有机地结合在一起，是一个非常复杂的管理体系。实现物流综合管理的集成化，以及实现运输、仓储、配送及其相关活动的信息化，必须具备信息技术手段。物流企业建立用计算机连接的能够反映物流信息流的综合系统是集成化物流必不可少的条件。物流管理活动信息量大、涉及面广、信息种类多、实时性要求高，而大数据技术的产生与发展为物流综合管理集成化的实现提供了技术和管理手段，是推动物流综合管理集成化的技术动力。

物流综合管理集成化消除了物料在各环节之间的流动障碍，普遍加快了货物周转速度，减少了库存量，使物流企业的整体物流成本降到最低。同时，物流综合管理集成化从战略高度促成物流部门与生产部门、销售部门的协调，增强了企业的竞争能力和盈利能力。

4. 物流资源管理协同化的需求

目前，我国物流企业对物流资源的管理整体比较薄弱，然而，物流企业内部的物流资源是否充分利用，将直接影响存货的经济采购量、仓储量和存货的仓储成本，因此，现代物流业急切需要一种新的管理模式，能够使物流资源达到共享与协同。物流资源协同化是指实现物流体系中仓储资源、人力资源、信息资源、管理资源、运力资源等物流资源间管理的协同。

在现代物流业物流资源管理中，已可以实现物流设备养护检修作业信息化和安全检测监控自动化，并且在运输车辆等设备的生产运作过程中通过标签化的方式进行实时的追踪，可以实时地监控这些设备的使用情况，实现对企业资产的可视化管理，有助于企业对其整体资产进行合理的规划应用，最终达到保障物流资源可靠提供的目的，以确保物流生产过程的高效性与安全性。

5. 物流安全管理一体化的需求

安全管理一体化是指将物流企业仓储安全管理、运输安全管理、配送安全管理、供应链安全管理和安全预警管理等统一为一个有机的整体进行管理。安全管理一体化是现代物流业安全管理发展的必然趋势，其目的是将物流安全统一到管理和实际工作的各个层次中。安全管理一体化不仅能解决安全管理中出现的各种具体问题，提高物流安全管理工作的效能，并且能够深化物流企业管理的一体化。安全管理一体化是安全管理对象和安全管理过程的有机结合。将监测技术、安全保障技术应用到物流管理中，可以满足物流的机密性、真实性、完整性、抗抵赖性等四大安全要求，并可以解决好用户隐私保护与信任管理问题。

6. 物流运营管理智能化的需求

我国物流业正处于转型时期，也是蓬勃发展的时期，物流业发展终将进入运营管理智能化的阶段。通过在整个管理过程中应用大数据技术，从商品的生产完成到供应商再到最终用户，商品在整个物流网络上的分布情况及商品本身的信息都完全可以实时、准确地反映在物流企业的信息管理系统中，很大程度上增加了物流运营管理的智能化程度，使物流企业的运营管理过程变成一个完全透明的体系。快速、实时、准确的信息使得整个物流决策能够在最短的时间内对复杂多变的市场做出快速的反应，提高物流企业运营方案对市场变化的适应能力。

7.2 大数据背景下智慧物流运营组织框架

7.2.1 大数据背景下智慧物流信息交换主体

智慧物流的运营涉及原材料及成品供应商、物流企业、分销零售渠道与客户等供应链上多家主体及电子商务企业、金融服务等支撑平台。各主体之间的信息交互依赖于数据交换平台，具体如图7-2所示。

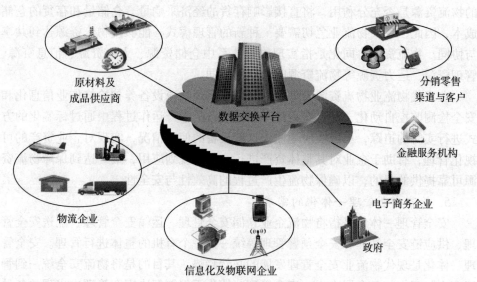

图7-2 智慧物流信息交换主体

从图7-2可以看出，数据交换平台接受来自多个主体的信息，由于数据结构、标准等都不一样，数据交互平台需要对信息进行拆分和整合，各主体与数据交换平台进行信息交互。

1. 原材料及成品供应商

原材料及成品供应商是整个供应链的上游，企业内部生产信息和企业间产生和流动的信息是物流企业安排运输、配送、仓储等业务和配置物流资源的依据。同时，生产企业也需根据来自数据交换平台的信息及时调整生产计划，合理安排生产。

2. 物流企业

物流过程涉及采购、存储、运输、包装、装卸搬运、配送、流通加工等环节，在大数据背景下，物流企业能实现对物品的实时监控、控制与追踪，将采集的实时数据传输至数据交换平台。同时，通过对客户数据的分析与挖掘，细分客户群，提供更为个性化的物流服务。

3. 分销零售渠道与客户

分销零售渠道与客户是整个供应链的下游，客户的需求直接影响到上游生产企业的生产计划。销售商提供客户的具体需求，作为上游生产商产品研发和改进的重要依据。同时，销售商通过分析客户的购买行为，更好、更精准地发现目标客户，增加销售量。

4. 信息化及物联网企业

信息化及物联网企业通过提供基础设施保障数据的采集、传输，并利用数据处理和分析技术，通过建立集成模型，发现数据的相关关系，为企业的决策提供可靠依据。

5. 政府

政府根据市场的运营现状制定政策、方针，调控行业发展，同时根据行业运营数据合理调整政策，在全社会范围内实现资源的优化配置。

6. 电子商务企业

物流是电子商务的重要组成部分，电子商务的发展极大地促进了物流的发展。目前，在中国，物流已成为制约电子商务发展的瓶颈。电子商务企业能够提供客户的选购、消费、评论数据，用以预测顾客需求，从而调整库存水平。

7. 金融服务机构

金融服务机构为企业提供融资投资、储蓄、信贷、结算、证券买卖、商业保险和金融信息咨询等服务，通过数据交换平台能够获得客户的数据，分析其特点，提供更有针对性的服务产品。

7.2.2 大数据背景下智慧物流运营组织框架

大数据背景下智慧物流的信息交换主体包括原材料及成品供应商、物流企业、分销零售渠道与客户、信息化及物联网企业、政府、电子商务企业和金融服务机构等，各主体与数据交换平台进行信息交互。本节从智慧物流商物管理运营组织、智慧物流供应链管理运营组织和智慧物流业务管理运营组织三个层次进一步分析，构建智慧物流运营的组织框架，具体如图 7-3 所示。

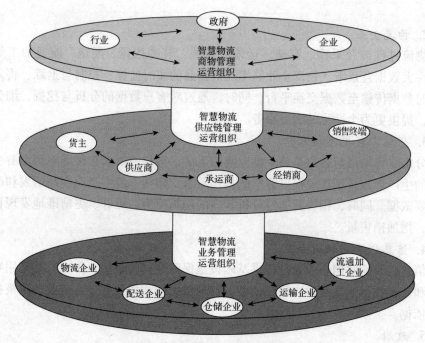

图 7 – 3 智慧物流运营组织框架

1. 智慧物流商物管理运营组织

智慧物流商物管理的核心在于控制商品的流量流向，其运营组织主要包括政府、行业和企业。政府通过物流大数据所获取不同品类商品的有效信息，掌握整个市场的运营情况，通过政策的制定和实施，及时调控市场；各行业从大数据中把握行业动态，根据行业自身特点和规律，制定更好的发展规划，使行业更加快速健康发展；企业根据大数据分析市场需求，从而调节供应、研发、生产、销售各个环节，提供更优质的产品。

2. 智慧物流供应链管理运营组织

智慧物流供应链运营管理组织涉及货主、供应商、承运商、经销商、销售终端等多个主体。多个主体内部及之间都产生大量数据，通过分析其中的关联关系，能够更好地协调各主体经营运作，完成采购物流、生产物流、销售物流的高效运营。通过信息交互分析整个物流供应链的运作过程，能够及时发现物流供应链上各环节的问题，及时调整，实现整个物流供应链的高效运营。

3. 智慧物流业务管理运营组织

智慧物流业务管理运营组织包括从事物流服务的各企业，既包括能够提供综合服务的物流企业，也包括提供其中某些服务的配送企业、仓储企业、运输企业、流通加工企业等。其运营过程中产生的大量数据，不仅可供本企业处理分析，还能为中观和宏观层面的分析提供依据。企业之间信息的共享是企业协同合作的基础和必要条件，有助于提高物流作业效率，实现物流服务一体化。

 ## 7.3　大数据背景下智慧物流运营技术分析

随着信息技术的飞速发展，特别是云计算、物联网技术的成熟，推动了以大数据应用为标志的智慧物流产业的兴起。智慧物流极大地促进了物流产业优化和管理的透明度，实现了物流产业各个环节信息共享和协同运作及社会资源的高效配置。本节构建智慧物流运营技术框架，包括智慧物流商物管理技术、智慧物流供应链管理技术和智慧物流业务管理技术，在大数据、物联网、云计算等技术支持下，将其中的共性技术应用于专业领域，为客户提供更智能、更完善的物流服务，具体如图7-4所示。

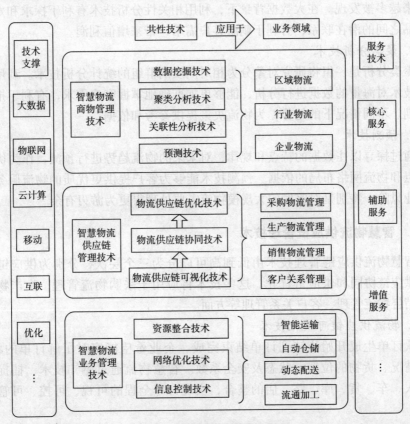

图7-4　智慧物流运营技术框架

7.3.1　智慧物流商物管理技术

智慧物流商务管理技术主要包括数据挖掘技术、相关性分析技术、聚类分析技术和预测技术。这些共性技术应用于各区域物流、行业物流和企业物流。

1. 数据挖掘技术

数据挖掘技术的核心在于根据数据仓库中的海量数据，选择合适的分析工具，应用统计方法、事例推理、决策树、规则推理、模糊集，甚至神经网络、遗传算法等方法处理信息，得出有用的分析信息。在大数据背景下，利用数据挖掘技术处理物流相关数据，发现深层次运营规律，及时掌握市场动态，调整相关计划方案，为客户提供更有针对性的产品和服务。

2. 相关性分析技术

由因果分析转为相关性分析是大数据的重要特征。啤酒与尿布这样的潜在联系越来越多被发现。在大数据背景下，利用相关性分析技术有利于探求和发现不同商品之间的潜在联系，有利于刺激客户需求，带来增值利润。

3. 聚类分析技术

聚类分析是一组将研究对象分为相对同质的群组的统计分析技术。利用聚类分析技术对海量的数据进行分析，能够更加准确地掌握客户需求，有利于把握不同时期、不同情况下的趋势，为物流决策提供参考和依据。

4. 预测技术

通过探寻以往数据的特点和规律，对未来的物流趋势进行预测，作为优化物流节点和物流网络布局的依据。预测技术能够为客户提供更优质的物流服务，降低企业风险，特别是对突发的大规模物流需要处理得更为游刃有余。

7.3.2　智慧物流供应链管理技术

智慧物流供应链管理技术由低到高可以分为三个层次，分别为供应链可视化、供应链协同和供应链优化。这些技术将应用于采购物流管理、生产物流管理、销售物流管理、客户关系管理等方面。

1. 物流供应链可视化技术

从订单生成开始流转到订单结束完成，企业希望能实时了解订单的状态、完成情况、货物的位置、状态及安全系数。智慧物流通过感知技术、捕捉技术实现人、车、货、库、路、店的整合，实现订单全程的可视、可控、可管、可追溯。

2. 物流供应链协同技术

在供应链可视和感知基础上，企业通过预先准备和计划，能够产生上下游局部的有效协同，减少不必要的时间和资源的浪费。智慧物流将通过物流供应链协同技术，解决企业配运、采购、供销等业务闭环问题，实现与承运商、供应商、收货方的配运协同、采购协同、供销协同。

3. 物流供应链优化技术

在协同基础上，企业能够通过大数据分析、优化决策等实现对物流供应链资源的优化配置和调度。智慧物流通过智能优化技术为企业提供采购方案、配运方案、供销方案等。

7.3.3 智慧物流业务管理技术

智慧物流业务管理技术包括资源整合技术、网络优化技术和信息控制技术等。这些技术将应用于智能运输、自动仓储、动态配送和流通加工等领域。

1. 资源整合技术

资源整合技术即将零散的仓储资源、运力资源等物流资源进行整合，统一规划，协调利用，使其发挥出更大的效能。整合不同企业的物流资源，能够突出不同企业的优势，达到整个社会物流资源的最优化利用，提供高效、一体化的物流服务。

2. 网络优化技术

物流网络节点和路线的规划对物流的整体运作具有重要影响。网络优化技术就是通过对已积累大数据的分析，对节点和线路进行规划和优化布局，以提高物流各环节作业的效率。

3. 信息控制技术

对物流信息的全面感知、安全传输和高效利用可实现物流信息管理到物流信息控制的飞跃。在大数据背景下，利用技术优势可实现对整个物流过程的实时控制。信息控制技术的应用可进一步提高整个物流的反应速度和准确度。

7.4 大数据背景下智慧物流运营框架设计

7.4.1 大数据背景下一般企业发展模式

大数据技术为传统行业带来巨大的挑战和机遇。在大数据时代，需要对传统行业概念进行重新审视。大数据不仅是一种技术，更多的是一种思维方式。根据一般企业利用大数据思想的发展模式，分析总结其经历的三个阶段，具体如图

7-5 所示。

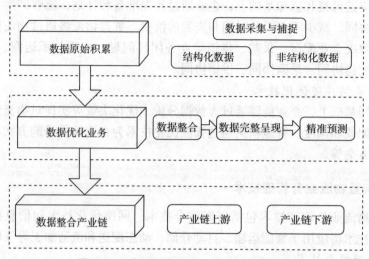

图 7-5 大数据背景下一般企业发展模式

1. 数据原始积累

大数据的基础就是数据的积累。企业只有通过长期的日常运营，才能获得最原始、最真实的数据，完成原始积累。数据的积累符合"飞轮效益"，即在积累的初期往往较为困难，很容易被忽视，而随着数据增长速度越来越快，累积数据量剧增，数据将成为企业的财富，成为未来发展的基石。这些数据具有不同数据类型，以格式化或非格式化的形式体现。

2. 数据优化业务

第一，对数据进行整合。因为数据之和的价值远远大于数据的价值之和，分散的数据并不能产生价值，只有将这些数据进行整合，消除数据孤岛，才能用现有数据挖掘所在行业的潜力，真正展现数据的价值。

第二，数据完整呈现。在传统时代，企业的决策判断大部分基于经验。但在大数据时代，数据的积累和整合能将整个数据的场景完整地呈现出来，数据在整个行业里的流动过程、业务的衔接过程清晰透明。

第三，实现精准预测。根据数据的呈现，将传统业务进行整合，提高传统业务效率，实现对原有业务的优化，最终实现资源的最佳配置。

3. 数据整合产业链

数据不仅能够优化现有的业务，更大的价值在于数据能够成为新的生产要素，成为企业的核心资产。企业更加关注如何创造性地利用数据这一资产，挖掘出数据的最大价值，产生新的业务机会这一战略命题。当企业拥有了广泛的产业数据，不仅拥有了对本行业基本信息的掌握和洞察，更重要的是拥有了其他企业没有的生产资料。拥有了大数据的企业将成为该产业的主导者和规则的制定者。企业完全可以突破原有的行业疆域和边界，向行业以外扩展。从产业链的角度分析，企业可以实现向产业链上游的跃升，实现对产业链下游的控制，从而实现整条产业链的垂直整合。

7.4.2 大数据背景下智慧物流运营流程

智慧物流的运营需要运用物流信息的捕捉技术、推送技术、处理技术、分析技术和预测技术等，在大数据背景下，智慧物流服务呈现出一体化、网络化、移动化、智能化等新特点。分析其运营的全过程，智慧物流运营流程主要包括数据采集、数据存储、数据应用、客户服务等环节，具体如图7-6所示。

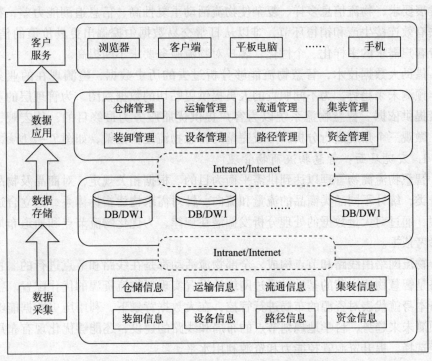

图7-6 大数据背景下智慧物流运营流程

从图7-6可以看出，智慧物流的运营首先利用物流数据感知与采集工具，通过 RFID、GPS、GIS、红外传感器等技术采集物流现场数据，通过移动互联网、有线网络、卫星等与云计算中心进行即时的、分时的或离线的数据交流；然后通过网络将物流数据传递到数据中心，所传输的数据包括普通物流数据、物流管理数据、物流金融数据和物流设备数据，这些数据以格式化或非格式化的形式体现；通过虚拟化等技术实现物流数据的存储，运用数据分析、关联、挖掘等处理技术对数据进行计算、整合，对物流所需软件、设备、物资进行资源化管理、仓储管理、路径计算、运输管理、装卸管理甚至包括资金管理，并能够根据数据中心提供的数据整合掌握更加清晰的物流企业运营状态，为物流企业管理者掌握企业发展动态提供科学和翔实的数据。企业能够通过客户端应用程序获取物流相关信息并发布对应的措施，物流客户能够通过普通的 PC 浏览器、平板电脑、手机的客户端查询物资流通的具体状态。

7.4.3 大数据背景下智慧物流运营框架

传统物流体系具有成本高、效率低、决策缓等不足，早已不能满足现代物流的发展要求，物流信息多样、复杂使物流活动重复性高、信息追溯能力差，物流无法有效连接生产和销售环节，难以从日常交易数据中挖掘出更具价值的信息。随着客户需求的多样化、个性化，客户对物流服务要求不断提高。

借助大数据技术，智慧物流能够分析过去的历史数据，检测现在的业务状况，预测未来趋势，为不同职责的人员提供更贴切的数据视图，为管理层的业务决策提供依据。智慧物流系统以为客户提供优质服务为最终目的，从宏观、中观、微观三个角度进行分析，形成完整的智慧物流运营框架，如图 7-7 所示。

1. 宏观层面：智慧物流商物管理

智慧物流商物管理以达到供需平衡为目的。根据相关规定，对商品及物品进行分类，统计不同品类商品的流量和流向。针对需求构建指标体系，建立合适的模型，通过对大量数据的处理分析发掘潜在规律，为优化物流节点和通道布局提供参考依据。

物流网络由线路和节点构成，全部物流活动都是在线路和节点进行的。物流网络是智慧物流运营的基础，通过网络的设置实现对物流资源的优化配置。物流网络本身就代表对资源的布局进行管控，在大数据背景下，利用历史数据能够精准预测未来趋势，科学地规划节点的布局和线路的建设，还能够优化现有布局或路径选择，提升资源管控能力和资源利用水平。

2. 中观层面：智慧物流供应链管理

智慧物流供应链管理是从企业物流出发。供应链管理是物流发展的必然趋势，是所有实业经济发展的必然趋势。供应链是智慧物流的发展方向。供应链是指从原材料采购开始，制成中间产品及最终产品，最后把产品送到消费者手中的将供应商、制造商、分销商、零售商，直到最终用户连成一个整体的功能网链结构。智慧物流中供应链管理就是对整个供应链系统进行计划、协调、操作、控制

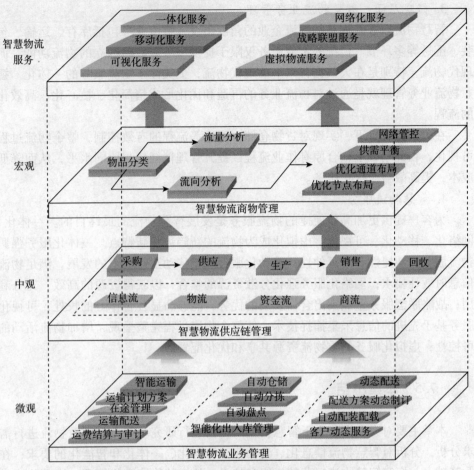

图 7-7 大数据背景下智慧物流运营框架

和优化的各种活动和过程。

　　企业在进行采购、供应、生产、销售、回收等流程中,通过对协同合作、流程处理与使用者行为等进行分析,以业务整合与以用户为核心的观点看待整个物流流程,并立即针对分析结果进行反应,以达到提高业务销售、行销成效、供应链效率与消费者满意度等效果。

　　智慧物流供应链体现了整合与协调的思想,是一种全过程的集成化管理模式,从消费者的角度,通过企业间的协作,谋求供应链整体最佳化。在大数据背景下,数据在整个供应链中的流动过程清晰呈现,有助于构建面向生产企业、流通企业和消费者的社会化共同物流体系,实施商流、物流、信息流、资金流的一体化运作。

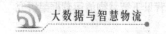

3. 微观层面：智慧物流业务管理

智慧物流业务管理是从物流企业的角度出发，物流业务包括库存、运输、包装、配送等多环节。传统的物流服务仅限于提供一项或数项独立的物流功能，而现代物流，特别是在大数据背景下的现代物流，更关注于物流服务的一体化。智慧物流业务管理就是通过对物流业务的再造和优化形成精简化、核心化、高效化的流程。

在大数据背景下，实现对货物仓储、配送等流程的有效控制，整个物流过程可视化，在此基础上整合原有作业流程，提升管理精细化与协同水平，从而降低成本，提高效益，优化服务。

4. 智慧物流服务

为客户提供更加高效便捷的物流服务是发展智慧物流的最终目的。一体化、网络化、移动化、可视化、虚拟化成为物流的新趋势和新特点。一体化服务强调物流服务的便捷性和可延伸性；移动化服务基于移动互联技术的发展，满足物流信息时效性要求；网络化服务强化分散资源的整合，以获得资源的高效、充分利用；战略联盟服务重点突出合作发展的优势，能够凸显各合作方的长处；可视化服务基于先进的信息采集捕捉技术，使整个物流过程完整呈现，增加物流活动的可控性；虚拟化服务侧重物流资源共享和优化配置。

 ## 7.5　本章小结

本章主要对大数据背景下智慧物流的运营进行研究。首先对智慧物流进行需求分析，分析对智慧物流信息化、自动化、协同化、一体化和智能化的要求；在此基础上，探究智慧物流运营的组织和技术，从智慧物流商物管理、智慧物流供应链管理、智慧物流业务管理三个层面出发，明确智慧物流的各方组织主体，分析智慧物流运营的相关技术；最后以为客户提供优质服务为最终目的，从宏观、中观、微观三个角度构建智慧物流运营框架。

 ## 参考文献

[1] 王喜富. 物联网与物流信息化［M］. 北京：电子工业出版社，2011.

[2] 宁波智慧物流科技有限公司. http://www.smarterlogistics.com/.

[3] 高连周. 大数据时代基于物联网和云计算的智能物流发展模式研究［J］. 物流技术，2014（6）：350－352.

[4] 薛冬辉. 大数据时代下的物流、信息流、资金流融合：基于商业银行视角

[J]. 物流技术，2014，33（1）：16-19.

[5] 代明睿，朱克非，郑平标. 我国铁路应用大数据技术的思考 [J]. 铁道运输与经济，2014，36（3）：23-26.

[6] 张颖. 信息流管理：供应链管理的关键环节 [J]. 长春工程学院学报（社会科学版），2004，5（1）：40-43.

[4] 杨路明, 王宏波, 李振振. 基于改进型蚁群算法的应急设施选址 [J]. 铁路采购与物流, 2014, 39 (8): 23 - 70.

...参考文献（部分不可辨）

8 智慧物流服务模式研究

基于物联网、大数据和云计算等信息化技术，以智慧物流服务需求为导向，智慧物流服务贯穿整条物流供应链，依托于物流网络和物流信息平台，整合供应链物流资源，因地制宜地选择供应链战略、渐进式战略、国际化战略、协同联动战略和一体化战略，实现智慧物流商物管控服务、物流供应链运营服务和业务管理服务。

 ## 8.1 现代物流服务概述

从系统的角度来看，物流是物品从供应地向接收地流动的过程，是将物流服务活动有机结合的综合服务系统。物流的本质是服务，它本身并不创造商品的形质效用，而是产生空间效用和时间效用。基于物流不断的发展和演变，现代物流服务已经超出了传统意义上的货物运输、仓储等服务范畴，在外延和内涵上都有了很大的扩展。在外延上，除了传统的储存、运输、包装、流通加工等服务外，还包括了现代物流信息服务、供应链管理服务、现代物流金融服务、产业政策服务、物流园区物流服务平台管理等。从内涵上看，现代物流服务较传统的物流服务都有很大提升，进一步降低了物流服务的成本，提高了物流服务的效率。

此外，随着信息化进程的不断推进，物流服务的提供方式正在发生着巨大的变化，单纯的运输、仓储业务已经无法构成企业牢固的基础，企业必须一方面提供新的增值服务，扩大业务范围，另一方面不断推陈出新，为客户提供增值服务，以提高自身竞争力。物流服务提供方式的主要特征如表 8 - 1 所示。

表 8 - 1 物流服务提供方式的主要特征

	传统物流服务提供方式	现代物流服务提供方式
实施主体	生产企业和零售企业	第三方物流企业
服务导向	生产商或零售商	顾客
服务类型	被动服务	主动服务

续表

	传统物流服务提供方式	现代物流服务提供方式
服务内容	运输、储存	核心业务服务和价值增值服务
追求目标	规模生产、低成本服务	规模定制、个性化服务
管理方式	个人控制	信息管理
管理层次	管理单一环节	优化整体系统
推进机构	企业自身	各国政府与各行业协会
信息属性	封闭	自由、公开
关注领域	物流基本活动	物流增值活动
交易方式	直线型	网络型

　　传统物流服务中的信息系统大都是局限在企业内部或相关企业间的封闭系统，以互联网为基础建立起来的公开、自由的电子商务物流模式，奠定了现代物流服务实现的基础。B2B、B2C、C2C 等一系列服务模式更好地满足了顾客个性化物流服务的需求，提高了企业把握市场实际需求及其变化的敏捷程度。对于顾客而言，购买商品的途径选择范围扩大了，顾客取代了零售企业在供应链中的主导地位。在传统的物流服务过程中，一个产品从生产线出来最后到顾客手中，其流通渠道是有限的，而现代物流服务提供给顾客的是多种商品流通渠道。

　　在现代物流服务的基础上，智慧物流服务的延伸和发展，是现代物流服务的升级。以信息化为基础，智慧物流服务提供给客户更全面的服务内容，即基础服务更加专业化、精细化、系统化，增值服务更加全面化，更好地满足顾客个性化服务的要求，实现物流供应链合理优化，企业的协调运作，使物流的社会效益不断提升。

 ## 8.2   智慧物流服务需求分析

　　随着经济社会不断进步，人们对需求物质的数量、品种和方便快捷性要求不断提高，同时对智慧物流服务需求的广度和深度也越来越高。本节针对商务管控需求、物流供应链一体化需求、物流业务需求和技术需求四个方面，进行智慧物流服务需求分析，具体如图 8－1 所示。

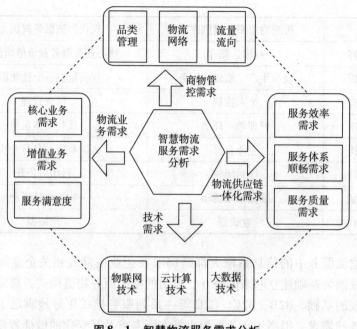

图 8 – 1　智慧物流服务需求分析

8.2.1　商物管控需求

基于供需关系引导，智慧物流商物管控需求主要从商品分类管理、物流网络和流量流向三个方面进行分析。

1. 商品分类管理

智慧物流中涉及的商品类型，从工业品到农产品，再从普通货物到特殊货物，多种多样，每种类型的商品的运输方式、路径、仓储、配送、供应地、需求地流量流向都需要不同的管控服务。同时在大数据背景下，对不同类型商品产生一系列相关物流数据，需要挖掘规律并及时掌握市场动态，把握不同时期、不同情况下的趋势，因生产布局、地理环境、交通条件、产销联系、消费习惯、供求状况等各种因素差异形成不同的流量及流向，进而调整和规划不同商品的供需关系和流量流向，对于不同的商品采取不同的管控手段，以满足客户个性化和全方位的各品类物流服务需求。

2. 物流网络

我国对物流网络基础设施进行了大量的投入，并形成一定规模。从公路、航空、铁路和海运运输网络通道、多式联运、集疏运等网络建设到仓储、集装箱和信息网络建设，为智慧物流服务打下了基础。但是，物流网络接通和衔接性、资源整合性差，物流社会化程度不高，物流设备设施不完善，网络空间布局不合理等限制了智慧物流的发展，同时智慧物流服务对物流网络节点的连通性及能力、网络组织和信息共享程度的需求更高，因此物流网络的建设和管理是智慧物流服务提出的要求，一个多元化、多层次、协同性强的物流网络是智慧商物物流服务顺畅高效的根本，也是协调供需平衡的基础。

3. 流量流向

从流向上看，我国幅员辽阔，能源结构不平衡，经济尚不发达，自然资源主要分布在西部和北部内陆地区，而工业基地则主要分布在东部地区和南部沿海地区。自然资源和工业布局的错位态势，决定了需求与供给的流向关系，进而决定了我国物流结构以能源、原材料和初级产品为主的特点，也决定了自然资源由北向南和由西向东的基本流向及工业产品以中东部物资丰富地区内部流动和向西部地区的物流流向为主，同时东部物流服务需求较旺盛，物流频率高。

从流量上看，目前我国东部地区已经形成了环渤海物流圈、长江三角洲物流圈、环台湾海峡物流圈和珠江三角洲物流圈四个物流量凸显的物流圈，且需求仍在不断上升中；西部因其自然优势，必将呈现对智慧物流服务需求的上升。

8.2.2 物流供应链一体化需求

物流供应链一体化是指将生产物流、供应物流、销售物流结合成有机整体，对商品的实物活动过程进行整体规划和运行，有效整合运输、储存等资源要素，利用物流网络要素，提供运输、储存、包装、装卸、搬运、流通加工、物流信息处理等，实现物流各环节有效衔接，提高供应链柔性和降低成本，从而提高整个供应链的竞争力。对于智慧物流服务，一体化是物流服务的高级和成熟阶段，是物流产业化发展形式。

1. 服务效率需求

以信息技术为支撑，物流供应链成员之间通过网络来相互交换信息，物流供应链一体化可以实现对智慧物流服务需求做出更快更准确的反应，使得整个物流过程更加紧凑，物流服务体系高速度、高效率运作；能够减少物流过程中由于时间的拖延带来的成本浪费及资源的闲置，从而大大降低了生产制造的成本，使得整个物流过程更加灵敏、精细，提高了整个物流管理的效率，智慧物流需要物流及供应链一体化带来的高效率服务。

2. 服务体系顺畅需求

物流供应链一体化要求整个物流服务过程要做到没有障碍，在对接过程中没有明显的阻碍和停滞，一切要在一个顺畅的流程下实施。在物流供应链一体化的系统中，任何物流过程的阻碍都会影响整个产业链条的顺利运行，从而导致上下游企业之间的物资采购受阻，严重的将会影响销售终端的供货情况，从而给企业带来最直接的经济损失。物流服务体系的顺畅是物流供应链一体化的前提。

3. 服务质量需求

物流供应链一体化是指整个产业链条，从上游的原材料供应，到下游的客户端的使用，都是物流供应链一体化的节点。因此，物流及供应链一体化的终端是服务整个产业链条的多个单位或者个人，在整个产业链条的运行过程中，物流供应链一体化促使每个阶段服务意识的提高，从最初对消费者的高质量服务的狭义概念转换为对整个供应链企业服务的概念中来，这样才能构建一个完善、和谐、高质量的物流供应链服务体系。

8.2.3 物流业务需求

物流业务需求是智慧物流服务的基础和重点，智慧物流业务服务需要把客户的业务需求一一挖掘出来，并提供对应的业务服务内容。利用物联网等信息技术及电子商务技术优化物流管理，首先完成企业内部业务流程一体化，然后再向企业外的合作伙伴延伸，实现信息共享，最终达到智能运输、动态配送、自动仓储、财务和人力资源管理的全面集成，令物流、信息流、资金流发挥最大效能，充分满足客户全程的物流业务服务需求。

与此同时，随着现代物流的发展，客户对物流业务的需求不仅仅局限于服务内容，对服务价格、可靠性、创新性、服务辐射范围等物流业务服务满意度也提出了要求。2008—2013年物流需求与服务的差距分析如图8-2所示。

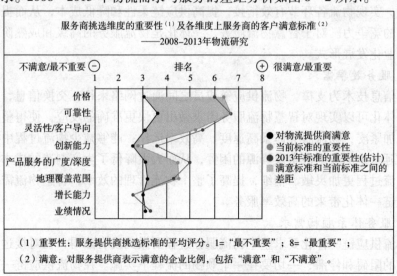

图8-2 2008—2013年物流需求与服务的差距分析图

由图 8 - 2 分析可知，客户对物流业务需求更趋向于智慧型物流服务，对物流价格、可靠性、灵活性、服务广度和深度、覆盖范围等都有相应的满意标准。不难看出，物流服务的需求方对物流服务提供者要求越来越高，所需要的服务也日益复杂和个性化；物流服务需求方的市场全国化和国际化需要配套日益完善，以获得深度可靠的服务；为客户优化企业供应链，为客户提供整体物流解决方案及增值服务成为物流企业的重要业务和服务内容；物流企业需要不断提升信息化来提供增值业务服务，同时走向高附加值的物流领域；更透明的运作过程，方便客户信息查询，也满足了客户的需求。

8.2.4　技术需求

智慧物流服务需要创新服务技术的支持，必须以信息技术为核心，融合物流领域服务技术，实现技术融合和集成创新，有效支撑服务模式全过程实施，并通过技术融合与创新，不断催生更具竞争力的服务模式，促进智慧物流服务更具专业性、科学性、及时性和准确性，满足企业和客户的服务需求。智慧物流技术需求可分为物联网技术、云计算技术和大数据技术等。

1. 物联网技术

物联网是利用局域网或互联网等通信技术把传感器、控制器、机器、人员和物等通过新的方式联在一起，形成的人与物、物与物相连，实现信息化、远程管理控制和智能化的网络。物联网是互联网的延伸，它包括互联网及互联网上所有的资源，兼容互联网所有的应用，但物联网中所有的元素（所有的设备、资源及通信等）都具有个性化和私有化。物流是物联网的重要应用领域，通过物联网可实现智慧物流的可追溯、可视化、透明化和智能化等。

物联网技术体系包括感知技术、通信与网络技术和智能技术。感知技术主要包括 RFID 技术、GPS 技术、传感器技术、视频识别与监控技术、激光技术、红外技术、蓝牙技术等，能够实现物流的识别、追溯、拣选、定位、追踪和监控等；通信与网络技术使移动或存储中形态各异的"物"能够联网，最常采用的网络技术是无线局域网技术、互联网技术、4G 技术和无线通信技术等，实现物流管理运营、运输调度、仓储管理和信息互联互通等；智能技术主要包括数据挖掘技术、ERP 技术、自动控制技术等，实现物流运输系统管控、供应链综合系统和物流公共信息平台管控等。

2. 云计算技术

云计算是一种通过 Internet 以服务的方式提供动态可伸缩的虚拟化的资源的计算模式，通过网上的数据中心来实现 PC 上的各种应用与服务。云计算关键技术主要包括虚拟化技术、分布式海量数据存储、海量数据管理技术、编程方式、云计算平台管理技术等。基于云计算技术的内容和优势，构建物流信息平台来提升智慧物流信息管理和服务水平，打破传统物流服务运作模式，实现物流信息数据捕捉、整理、存储、分析、处理和管理等，整合信息资源和地域优势，优化供应链是企业的首选。

3. 大数据技术

大数据是由数量巨大、结构复杂、类型众多的数据构成的数据集合，是基于云计算的数据处理与应用模式，通过数据的整合共享、交叉复用形成的智力资源和知识服务能力，并从各种类型的数据中快速获得有价值信息。大数据处理关键技术包括大数据采集、大数据预处理、大数据存储及管理、大数据分析及挖掘等。依靠大数据技术在物流服务各环节的海量数据中挖掘出有价值的数据反馈智慧物流服务，实现智慧物流的信息化服务。

8.3　智慧物流服务内容研究

智慧物流服务内容在仓储、运输、配送、装卸搬运等核心服务基础上，在广度和深度上得到升华。从微观的智慧物流业务服务延伸到中观的智慧供应链管理服务再到宏观的商物管控服务，更加全面化、系统化和精细化，以满足客户全方位立体化的服务需求。智慧物流服务框架如图8-3所示。

8.3.1　智慧物流商物管控

1. 业务服务

智慧物流商物管控业务服务针对不同品类可以涉及不同的业务服务内容，按商品类型分包括食品类、五金类、化工类等物流服务；按货物性质类型分包括普通货物和特殊货物等物流服务；按产品类型分包括农产品和工业品等物流服务。

智慧物流商物管控业务服务除了从整个物流环节提供服务，以大数据为基础，根据不同品类的物流服务范围、物流消费等数据确定各品类角色，同时统计各品类在客户行为中所占的比率，以客户导向为主，针对不同品类分门别类地满足客户的服务需求，分析预测客户供需情况，调整优化物流服务。以冷链物流服务为例，就是满足不同客户的供需关系，强调保鲜保质的物流服务，即保证冷藏冷冻类产品在流通过程中的质量，减少损坏。

2. 管控服务

管控服务包括商物核心节点管控和商物通道管控两个方面。

1) 商物核心节点管控

商物核心节点管控主要是指对枢纽型节点、资源型节点、加工型节点和综合

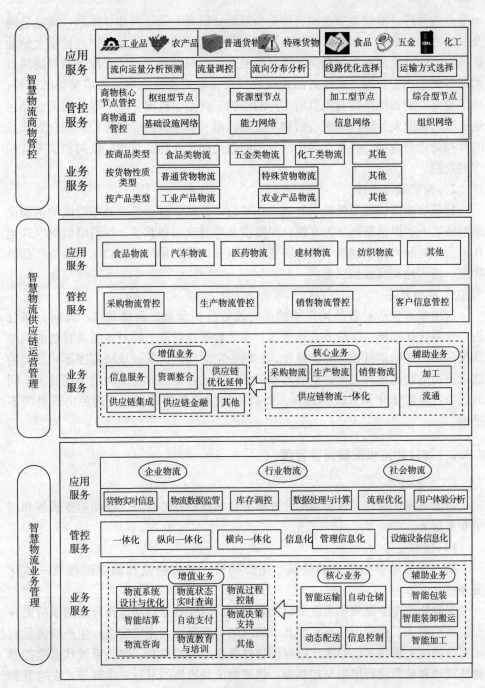

图 8-3 智慧物流服务框架

型节点的管控。枢纽型节点的管控是指对地处沿海、沿江河和各铁路、高速公路及航空港的交汇处，担负商物物流、商流和信息流的中转任务且物流量很大的地区或城市的物流流量流向和供需情况等的管控；资源型节点的管控是指对煤炭石油及各类矿产等资源开发运送的地区或城市物流流量流向和供需情况等的管控；加工型节点的管控是指对担负所生产的纺织、食品、机械、电子等各类工业品运送疏散的工业发达地区或城市的物流流量流向和供需情况等的管控；综合型节点的管控是指对首都、各省会等地区发展的各类加工业物流流量、流向和供需情况等的管控。

2）商物通道管控

智慧物流商物通道管控服务建立在铁路、公路、海运、管道等组成的基础设施网络之上，以信息网络为支撑，保障信息互联互通和共享；按网络组织模式运作，为不同品类的商物提供综合智慧物流服务，特别是特殊货物比如生鲜产品的物流，需因地制宜提供服务。

3. 应用服务

应用服务包括对各品类商物的流向流量分析预测、流量调控、流向分布分析、线路优化选择、运输方式选择等。在大数据背景下，针对各品类货物的流动情况采用相应的信息技术分类统计，归纳一定时间内、某一地域范围不同品类的流入流出的物流量和流向，从而调整供需，满足各地区对各品类的不同要求，同时进行线路的优化和方式的选择，提高对供应地货物的供给，避免出现供需不平衡。

8.3.2 智慧物流供应链运营管理

1. 业务服务

智慧物流供应链运营管理的业务服务包括核心业务服务、辅助业务服务和增值业务服务。

1）核心业务

核心业务服务包括采购物流、生产物流、销售物流和供应链物流一体化服务。

采购物流主要是根据系统平台已有信息，以大数据驱动选择合适的供应商并提出采购需求，供应商按照采购要求的时间和配送方式完成配送；生产物流是利用智慧物流关键技术，对生产过程的物料管理、物流作业、物流系统状态监控等物流活动和信息进行组织与控制等；销售物流是物流的最后一个环节，在智慧物流情境下，货物的信息被自动感知设备感知，销售出货，货架能够自动识别并向系统报告该货物的移动情况，使用者通过货物标签接入系统，也可以获得关于货物的所有信息；供应链物流一体化服务就是在大数据背景下，通过对信息流、物流、资金流的控制，从采购原材料开始，再到生产，最后由销售网络把产品送到消费者手中，全方位为客户提供服务。

2）辅助业务

辅助业务包括加工和流通。加工主要是通过自动感知技术，完成货物分拣、包装、贴记录货物信息的标签等工序；流通是在大数据背景下，除了提供全程监控、路线优化、及时上传货物实时信息等服务，还可以提供季节性流通资源的迅速调整和配置。

3）增值业务

增值业务包括信息服务、资源整合、供应链优化延伸、供应链集成、供应链金融等。

2. 管控服务

智慧物流供应链运营管理的管控服务主要针对采购物流、生产物流、销售物流、客户的各个环节数据信息管理和预测规划等。

采购物流和生产物流管控服务密不可分，在大数据背景下，通过先进的信息技术途径及时掌握库存消耗变化和其他影响库存的因素的变化，并分析处理，为决策者预测和决策采购量、采购时间提供依据；通过数据库分析选择合适的供应商和渠道供应所需原料，有效收集利用供应商的数据，并可实时协调多个供应商供应同一货品，降低或消除不可控因素的影响；在生产环节对生产量和状态进行控制；同时行业的采购量和采购流量流向又能指导上一级供应商的库存量控制、生产量和生产周期等。

销售物流的管控服务通过大数据和信息技术等对销售量、销售对象、销售品类、销售流向等信息的捕捉、分析、处理和预测，充分考虑相关因素，可以指导采购和生产计划的决策，预测未来发展趋势，有效优化流程和规避风险。

客户信息管控服务是通过对客户类型、消费品类、流量流向、时间分布和地域分布等相关数据的捕捉和分析，预测客户未来的需求趋势的 TOP10，规划、调整、指导供求平衡，满足不同客户对不同货物的服务需求。

3. 应用服务

智慧物流供应链运营管理的应用服务依靠自动感知识别、可视化运营监控、质量可信追溯、大数据管理决策等关键技术及其整合系统平台，对食品物流、汽车物流、医药物流、建材物流、纺织物流等各个行业的物流过程实现信息数据资源及时共享，充分掌握对整个供应链流程的主要信息，即采购、生产、销售的流量流向、客户需求等，通过各行业物流数据的有效汇总、挖掘，调整和规划供需平衡，为管理者提供更好的决策支持。智慧物流供应链应用服务实现各行业物流分散环节的合而为一，实现整体优化、整体运营的先进供应链管理体系，达到低成本和高效率的终极目标。

8.3.3 智慧物流业务管理

1. 业务服务

1) 核心业务

智慧物流业务服务中，以物联网、大数据、云计算等信息技术和智能设施设备为支撑，促进智能运输、自动仓储、动态配送环节的智能化和高效率，同时实现数据信息互联互通，及时做出决策。

（1）智能运输。

智能运输可通过物联网感知到的货物信息、道路交通信息、物流设备信息等为优化运输方案提供决策依据，安全、高效地完成物流运输。利用物联网技术可在运输过程中实现实时运输路线追踪、货物在途状态控制和自动缴费等功能，最大限度地提高货物运输的安全性和智能性。

（2）自动仓储。

通过物联网提供的车辆预计到达时间和货物信息，可确定仓库存货战略。在物联网环境下，仓储业务中的货物验收、入库、定期盘点和出库等环节可以实现自动化和智能化，并在提供货物保管服务的同时监控货物状态。

（3）动态配送。

动态配送是指利用物联网技术、大数据等信息技术及时获得交通条件、价格因素、用户数量及分布和用户需求等因素的变化情况，对以上因素予以充分考虑，制订动态的配送方案，在提高配送效率的同时提高服务品质。

（4）信息控制。

信息控制主要通过物流信息的全面感知、安全传输和智能控制实现物流信息管理到物流信息控制的飞跃，并通过信息集成实现物对物的控制。信息控制的应用可进一步提高整个物流的反应速度和准确度。

2) 辅助业务

在智慧物流业务体系中，辅助业务包括智能包装、智能装卸搬运和智能加工三项业务。

（1）智能包装。

智能包装的对象是可被感知的货物。智能包装系统可根据货物的静态属性、动态属性、客户要求及包装成本等因素自动选择包装容器、包装材料和包装技术。在减少人工投入的同时，可以避免工作人员因判断失误所造成的损失，为货物提供最适合的包装。

（2）智能装卸搬运。

智能装卸搬运是随智能运输和智能仓储而产生的必要的物流活动，通过利用输送机、智能穿梭车等设备，结合智能装卸搬运信息系统、通信系统、控制系统和计算机监控系统等系统，对智能运输、智能仓储、智能包装和智能加工等物流活动进行无缝衔接，使整个物流过程实现智能化。

（3）智能加工。

智能加工是在物品离开生产地向消费地流动的过程中，为了促进产品销售、维护产品质量，通过智能物流设备和物联网相关技术，对物品进行加工处理，主要包括智能装袋、智能栓牌子、智能贴标签、智能配货、智能挑选混装等，实现物流效率化。

3）增值业务。

在物流领域中利用高新信息技术可获得准确、全面、及时的物流信息，这些信息使物流辅助业务与核心业务更加智能化和自动化，对这些信息进行深层挖掘与分析，可拓展智能物流增值业务的范围并提升增值业务的服务水平。增值业务主要包括物流系统设计与优化、物流状态实时查询、物流过程控制、智能结算、自动支付、物流决策支持、物流咨询、物流教育与培训等。

2. 管控服务

1）一体化管控服务

对于智慧物流业务管理，一体化管控服务主要包括横向一体化管控服务和纵向一体化管控服务。

（1）横向一体化管控服务。

横向一体化管控服务是实现对过程、客户、信息的管控及与客户建立伙伴关系等；通过物流实时要求供应链上的要素同步，做到采购、运输、库存、生产、销售及供应商、用户营销系统的一体化，追求物料通过每个配送渠道的流动的最高效率；通过快速响应（QR）预测未来需求，重组自己的业务活动以减少时间和成本；通过有效客户响应（ECR）消除系统中不必要的成本和费用，降低供应链各个环节如生产、库存、运输等方面的成本，为最终给客户带来更大的效益而进行密切合作。

（2）纵向一体化管控服务。

纵向一体化管控服务就是将垂直的物流通道的要素进行整合。通过先进的物流技术，可以在横向一体化的基础上，加强纵向整合，优化物流网络层次，减少中间环节，降低整条供应链的库存量，实现"零库存"的发展目标与扁平状网络化的物流体系。

2）信息化管控服务

（1）管理信息化管控服务。

管理信息化管控服务是指在建立高效畅通的物流信息系统基础上，提供物流决策、业务流程、客户服务的全程信息化科学管理服务。

（2）设施设备信息化管控服务。

信息化设施设备是智慧物流实现全方位、多功能服务必不可少的支撑，从信息的采集工具到运输监控再到数字化仓储等在智慧物流服务全过程发挥作用。

3. 应用服务

应用服务涉及企业物流、行业物流和社会物流等，包括货物实时信息、物流数据监管、库存调控、数据处理与计算、流程优化和用户体验分析等。

8.4　智慧物流服务模式研究

服务模式选择是智慧物流提供客户高效快捷服务的前提。基于智慧物流服务的全面化、智能化和系统化，以及不同的服务模式的特点和内容，在大数据背景下的智慧物流服务模式中，平台模式是智慧物流服务的主要方式，典型的智慧物流服务模式包括基于 SOA 物流服务模式、基于物联网物流服务模式等。

8.4.1　智慧物流服务模式

智慧物流服务模式根据不同的分类方式分为不同的类别，按照物流服务提供方不同可分为第一方物流服务、第二方物流服务、第三方物流服务和第四方物流服务；按照提供方式不同可分为自营、第三方、"1 + 3"和基于管理平台的服务模式。以平台方式可以分为一体化服务模式、网络化服务模式、虚拟化服务模式和移动化服务模式。如图 8 - 4 所示。

1. 一体化服务模式

一体化服务模式是以信息平台为基础，根据客户需求，从原材料采购到产成品分销的整个供应链的流程方案，整合、协调和管理涉及整个流程的资源。一体化服务不是若干物流功能服务的简单汇总，而是提供综合物流服务整体解决方案，扮演物流参与者角色；将多个物流功能服务进行整合，对物流运作进行总体设计和管理，扮演的是物流责任人角色。一体化物流服务的市场竞争，实际上是物流解决方案合理性的竞争。

一体化服务模式强调和客户之间的关系不是价格博弈的关系，而是双赢的合作伙伴关系。站在客户的立场上，为其提供合理化、差异化、个性化的物流服务解决方案，进而延伸物流增值服务，即由物流核心业务服务（通过运输、仓储、

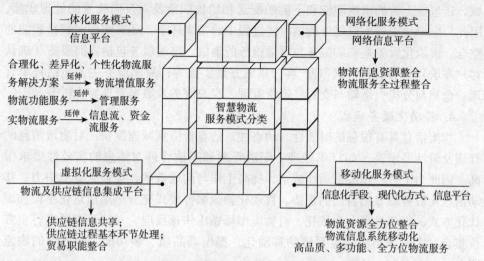

图 8-4 基于管理平台的智慧物流服务模式分类

配送等功能实现物品时间与空间的转移）向增值服务延伸；由物流功能服务向管理服务延伸；由物流服务向信息流、资金流服务延伸。

2. 网络化服务模式

网络化服务模式是以互联网和实体网络为支撑，并将分散的物流资源有效整合的一种服务模式，使得原本呈现出分散态势的物流信息资源，通过网络信息平台实现了整合，使物流企业之间突破了地域的界限，在计算机网络这个空间相互交流、协作，并且实现了优势互补；每个智慧物流服务通过网络平台实现相互衔接，最终实现物流服务全过程的整合。与此同时，为了能够使各种物流服务整体优化，网络化服务模式将服务功能建立在满足服务使用者的基础之上，做到高效益、高精确度的服务，促进智慧物流服务由智慧物流服务的规模化、综合化逐渐向自动化和信息化迈进。

3. 虚拟化服务模式

虚拟化服务模式是以计算机网络技术进行物流运作与管理，实现企业间物流资源共享和优化配置的物流服务方式，其依靠物流及供应链信息集成平台，通过物流组织、交易、服务、管理方式的虚拟网络化，以获取物流领域的规模化效益为纽带，以先进的信息技术为基础，以达到供应链信息共享为目的，实现物流的高速、安全、可靠、低费用。

虚拟化服务模式一般借助虚拟物流企业，它是由功能合理分配的、信息和运作一体化的、利益共享的，对于社会物流需求而言又是整合众多原先物流各环节承担者所组成的物流共同体。由于智慧物流服务已不仅仅局限于运输与仓储领域，还包括上游的采购职能和下游的配送和销售职能及对反向物流的处理职能，因此，虚拟化服务不仅要处理供应链过程中的基本环节，还要实现对贸易职能的整合。虚拟化服务是前端服务与后端服务的集成，前端服务包括咨询服务（确认客户需求）、网站设计及管理、客户集成方案实施等；后端服务主要包括订单管理、仓储与分拨、运输与交付、退货管理、客户服务及数据管理与分析等。

4. 移动化服务模式

物流信息具有很强的时效性、动态性，信息价值衰减速度快，对物流信息的管理及时性要求高，如订单处理、配送管理和运输管理对信息的实效性要求很高。因此为了进一步降低运作成本，提高工作与沟通效率，加强企业竞争力，移动信息化服务彰显出自己的优势。移动化物流服务模式充分运用信息化手段和现代化方式，以信息平台为依托，对物流市场做出快速反应，对物流资源进行全方位整合，实现了物流信息系统的移动化，提供高品质、多功能、全方位的物流服务。

移动化服务模式从最初的信息采集概念拓展为包括前端数据采集、数据无线传递及集成管理的物流管理信息系统，具体地说如实时货运查询、及时主动推送给用户、工作人员之间需要及时交互、实时调度、信息发布和企业内部移动办公等。移动化服务模式可以有效地满足物流行业的服务特点与需求特征，实现物流企业不受时空限制，实现信息共享，提高了运输过程的合理性与安全性，提高了企业精细化管理程度，从而真正满足了物流信息的时效性要求和物流服务的全方位多功能需求。

8.4.2 典型智慧物流服务模式

平台模式作为智慧物流服务的主要实现方式，根据技术类型分类包括基于SOA 的物流服务模式、基于物联网的物流服务模式、基于大数据的物流服务模式、"云物流"服务模式四个典型模式。

1. 基于SOA 物流服务模式

基于SOA 的物流服务模式是一种基于SOA 构建的物流信息平台实现服务的模式，以信息技术为依托，通过集成供应商、物流服务商、企业用户的资源信息，协调优化供应链上的物流资源，整合和升级物流服务的各个系统，完成"一站式"专业化的智慧物流综合服务，实现行业资源共享，发挥物流的整体优势，促进物流资源的整合。基于SOA 的物流信息平台以透明方式提供了物流管控功能服务，如物流信息发布、配载服务、车辆调度服务、货物跟踪及运输计划制订、物流企业业务管理等，也提供一系列的增值服务和决策服务，如智能配载、物流配送车辆调度优化、虚拟仓库、物流方案设计、客户价值分析、决策支持、供应链物流解决方案等。

基于 SOA 的物流服务模式通过平台达到信息共享、用户物流服务需求下达和系统与用户的交互；对供应商、物流服务商、企业用户等物流信息进行集成。运用物流数据，物流服务实现供应链上的各种物流资源优化。

2. 基于物联网的物流服务模式

基于物联网的物流服务模式是基于物联网构建的物流信息平台实现的一种服务模式，将物联网技术应用到包括原材料采购、生产制造、包装再加工、出库入库、装卸搬运、仓储运输及物流配送等物流服务在内的物流业务运作过程和解决方案制订中，同时采取信息化的方案和手段进行综合优化和处理，从而提高智慧物流系统对于各项物流资源的整合能力，并在上下游企业物流供应链范围内实现物流信息资源的共享和高效率运作，实现企业与政府之间、物流企业之间、企业与客户之间的物流信息和物流功能共享，以优化物流业务流程和实现物流运作过程的智能化和可视化，从而达到智慧物流服务的全面和高效。基于物联网的物流服务架构如图 8－5 所示。

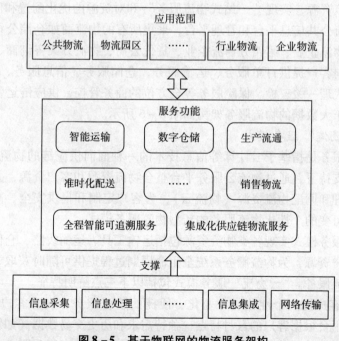

图 8－5　基于物联网的物流服务架构

3. 基于大数据的物流服务模式

基于大数据的物流服务模式是以物流平台为依托，利用大数据和通信网络技术，提供物流信息、技术、设备等资源共享服务，依靠大数据处理能力、标准的作业流程、灵活的业务覆盖、精确的环节控制、智能的决策支持及深入的信息共享来完成物流行业各环节所需要的信息化要求和服务需求，面向社会用户提供信息服务、管理服务、技术服务和交易服务。

基于大数据的物流服务模式依靠以下几步实现。

第一步大数据系统，这是在端前跟客户相联系与沟通，通过电子商务、社交网络、传感器等方式探测客户，收集和提取数据；然后进行数据分析，建立大数据仓库，对数据信息整合，提供完整的数据生命周期管控；第二步依靠物流公共信息平台，该平台一方面通过数据接口端向客户市场开放，另一方面通过数据接口端接收大数据信息。大数据为客户提供了海量物流服务信息，包括各类物流装备资源信息、物流人力资源信息、物流方案设计能力和资源信息、物流公共服务信息和政策资源信息、物流金融信息等，这些信息汇聚成虚拟的物流资源和能力供客户搜索、查询。第三步通过物流管理平台，它是集物流商信息共享、协同工作、资源整合、流程再造、商业智能和决策分析于一身的综合性的物流服务平台，主要任务是通过 RFID、GPS 等技术，准确、快捷地处理客户订单，调度和指挥各类物流资源，实现"一站式物流服务"和对资源的优化配置和监管。

依靠物流公共信息平台和管理平台，聚集所有的物流商如仓储公司、运输公司、第三方物流企业、第四方物流企业、货代公司、物流方案咨询商、银行及保险公司等，向客户提供订单服务、运输服务、仓储服务、信息服务、金融服务、咨询服务、代理一关三检、保险服务等全方位的商务管控、供应链运营和物流业务服务。基于大数据的物流服务架构如图 8-6 所示。

4. "云物流" 服务模式

物流云服务是指基于云计算等信息技术的一种面向供应链的物流服务模式，在网络技术支持下，通过物流云服务平台整合物流资源和客户资源，并按照客户需求智能管理和调配物流资源（物流云），为客户定制和提供安全、高效、优质廉价、灵活可变的个性化物流服务的新型物流服务模式。

物流云服务模式实现各类物流资源包括运输工具、运输线路、仓储资源、信息资源和客户资源，为物流服务系统全生命周期过程提供可随时获取、按需使用的个性化物流服务。"云物流" 服务模式包括以下三点鲜明特征。

（1）为客户提供个性化、专业化、便捷的物流服务，提升客户服务价值。物流云服务平台根据客户的自身特点、独特需求和历史交易数据（如物流运输过程中对某条运输线路的偏好），为客户提供最适合的服务内容和服务方式，同时能够根据客户的需求变化快速调整服务方案。服务的实现对用户透明，提升了客户对服务的使用价值、享用价值和规模价值；同时对服务提供商而言，物流云服务平台将充分考虑其提供物流服务的个性化、便捷性和规模化。

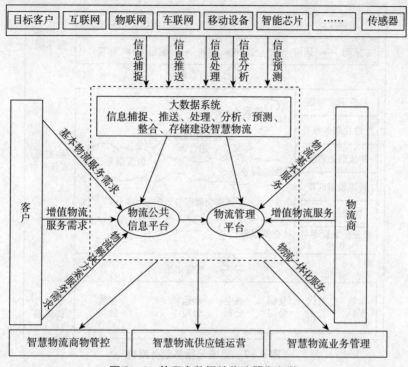

图 8 - 6 基于大数据的物流服务架构

（2）整合物流服务提供商和客户各类资源形成物流云。物流云服务平台将物流服务提供商提供的大量分散物流资源进行整合并虚拟成各种物流云，根据客户需求在平台上进行统一、集中的管理和调配，按客户所需，为多个客户提供不同的物流服务，体现了多对多的物流服务模式。

（3）面向物流服务全生命周期的服务质量全程监控与管理，物流云服务更加注重服务质量管理。物流云服务系统建立物流服务的质量体系，定义服务质量指标体系及评价方法，加强事前的主动定义和服务的参数设计，通过 GPS、GIS、RFID 等技术实时监控物流服务的执行情况，在生命周期内跟踪评价服务质量，反馈实时数据并进行质量优化，同时以上数据将作为服务双方历史信用的记录。

物流云服务模式是一个面向供应链、多用户、多资源提供者、基于服务的物流云服务业务架构，如图 8 - 7 所示。

从业务的角度，物流云服务模式主要由三部分组成：物流云服务需求端、物流云服务提供端、云服务平台。物流云服务需求端是指物流云服务使用者，这里指的是整个供应链或供应链上个别成员；物流云服务提供端是指提供物流服务资源的运输车队、货代公司等，它主要向云服务平台提供各种异构的物流资源和物

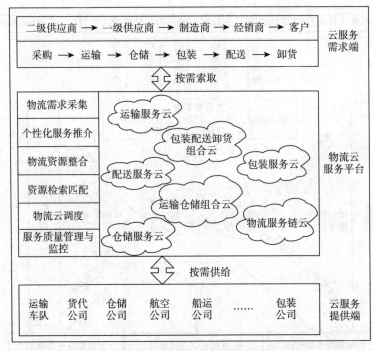

图 8－7　物流云服务业务架构

流服务；云服务平台充当二者之间的桥梁和枢纽，负责建立健壮的供需服务链。物流云服务需求端通过云服务平台提出个性化服务需求，云服务平台对物流云服务提供端提供的物流云进行整合、检索和匹配，建立适合客户的个性化服务解决方案并进行物流云调度，同时在服务过程中对服务质量进行管理和监控，为双方创造不断优化的服务质量和服务价值。

物流云服务提出了一种面向供应链的物流服务新模式，该模式将现有的物流服务模式、云计算、云安全、服务工程、物联网、RFID 等技术融于一体，为物流业中诸多需求提供了新的思路和解决方案。

8.5　智慧物流服务战略选择

8.5.1　智慧物流服务战略选择概述

智慧物流服务战略是借助先进物流管理思想和现代化的网络信息技术，在先进管理和积极的市场开拓引导下，广泛调动相关行业的资源，确保智慧物流服务的高效有序可持续的发展，是智慧物流服务长远的、全局性的规划与谋略，因此智慧物流服务战略选择举足轻重。智慧物流服务战略主要包括供应链战略、渐进式战略、一体化战略、协同联动战略及国际化战略，具体如图8-8所示。

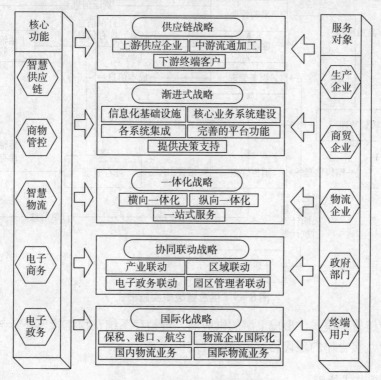

图8-8 智慧物流服务战略

8.5.2 供应链战略

供应链战略旨在围绕物流企业及相关企业，通过对信息流、物流、资金流的控制，从采购原材料开始，制成中间产品及最终产品，最后由销售网络把产品送到消费者手中的、将供应商、制造商、分销商、零售商直到最终用户连成一个整体的功能网链结构。

当前物流企业的竞争就是供应链的竞争，高效的供应链管理水平不仅可以节约成本、优化资金链，为企业节约更多的流动资金，还有利于快速响应客户需求，更好地提高客户服务水平。供应链战略实施模式的工作流程如图8-9所示。

供应链是围绕核心企业，通过对信息流、物流、资金流的控制，从原材料采购开始，制成中间产品及最终产品，最后由销售网络把产品送到消费者手中的，将供应商、制造商、分销商、零售商，直到最终用户连成一个整体的功能网链。现代物流信息化的实施应遵循供应链发展模式，建立供应链管理核心服务商的区

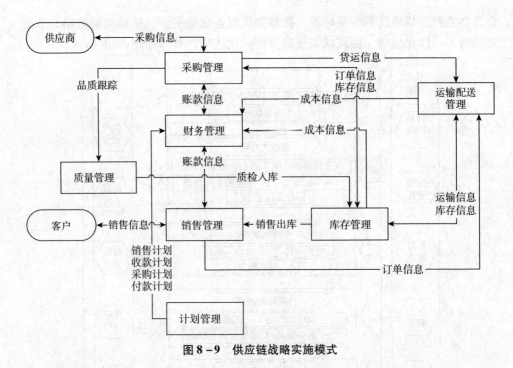

图 8 - 9　供应链战略实施模式

域化供应链管理模式，形成上游的供应商、进销存系统及物流管理环节与下游的终端客户直接合作的现代物流供应链管理模式。

8.5.3　渐进式战略

　　由于当前国内物流信息化建设相对薄弱，综合信息平台难以一次性建设成功，依靠平台方式实现智慧物流服务需要制定分阶段的渐进式战略：首先建设基础设施和完善相应的网络环境，再进行智慧物流核心业务系统的设计和建设，最终通过综合集成完成信息平台的建设，实现智慧物流服务的信息互联互通，为智慧物流服务决策提供支持。具体过程如图 8 - 10 所示。

　　具体来说，首先要加强信息化基础设施的建设，为智慧物流信息平台的建设提供基础，引入相应软件工具，包括 GPS、GIS、RFID 等；其次核心业务系统建设，包括引入仓储监管系统、运输与配送系统及货物信息服务与发布系统等；再通过系统集成技术完成各系统模块的集成，包括系统数据集成，经营管理决策，标准化建设等；然后是各主要智慧物流平台及其子系统的关键功能的实现，包括智能物流应用、电子商务、电子政务等；最后要建设支持物流港运营管理层的决策支持系统，为其提供智能决策支持，由智慧物流延伸至智慧供应链管理。

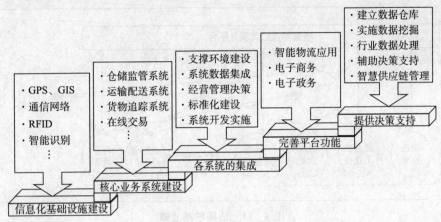

图 8 - 10　渐进式战略

8.5.4　国际化战略

　　随着经济的不断发展，越来越多的生产经营活动和资源配置过程是在整个世界范围内进行的，这就构成了物流国际化的重要基础，即向国际物流的方向发展。

　　智慧服务国际化战略实施首先必须在服务理念、服务管理机制等方面不断完善；其次走物流服务国际化之路，还应当慎重选择目标市场与进入方式。目标市场定位应以巩固国内市场地位为主，适当寻找国外市场的空白地带；进入方式可以采取与国外的物流公司联营、联盟、收购、兼并及自设国外网点的形式，建立全面完善的国外物流网络。为了更好地应对国际化物流趋势的挑战，基础设施的建设和物流技术创新能力是基础，应该尽快完善适应信息化时代需要的现代物流信息系统。此外，智慧物流服务国际化战略的实施，还必须拥有一支适应国际物流市场需要，既有开放意识，又有专业知识和技能的高素质物流人才。

8.5.5　协同联动战略

　　随着物流信息化的不断发展，逐渐呈现出由微观到宏观的多种联动发展方式。为了适应这种趋势，智慧物流服务必须采用协同联动战略。该战略模式强调智慧物流公共服务平台、物流企业、商贸企业、生产制造企业、政府管理部门和行业管理部门自身的合理发展，以及相互之间的协同联动，具体内容如图 8 - 11所示。

　　智慧服务协同联动战略就是通过战略联盟、外包、并购控股等合作方式，整合不同物流企业、物流相关企业、市场、政府等之间的资源，使物流企业所提供

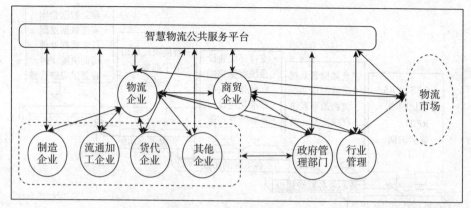

图 8 – 11 协同联动战略

的物流服务、物流网点、运作系统等形成互补，产生整合优势，强化各企业的核心竞争力。物流公共服务平台服务于物流企业与制造业、物流企业与商贸业的产业联动发展，使得物流业、制造业与商贸业相互融合渗透，实现两业双赢发展，而不仅仅是物流企业提供智慧物流的服务；同时服务于物流港与物流市场的协同联动，整合快递行业信息资源及生活物资资源；加强信息服务平台对于信息的资源共享和整合，注重政府管理部门、行业管理者及主要用户与平台的协同联动效应，以及对生产制造企业的管理作用。同时重视物流市场给出的反馈，并做出合理应对，从而保证物流信息化的实施工作顺利进行。

智慧服务协同化战略将促进不同企业之间的协调合作，从而使得不同的供应链交错，形成一个彼此紧密联系的整体，以提高物流企业的服务质量，改变低层次无序竞争的现状，提升物流相关企业的整体实力，达到共赢和资源优化配置。

8.5.6 一体化战略

智慧物流服务战略必须始终坚持三个一体化的战略模式，即横向一体化、纵向一体化和垂直一体化，通过智慧物流公共服务平台，将商流、资金流、信息流很好地结合起来，共同推进智慧物流服务战略实施。一体化战略的结构如图8 – 12所示。

智慧物流信息平台的建立要求能够对运输、仓储、配送等物流环节的信息资源进行整合，实现国际物流、通关物流、中转物流和国内物流的全程一体化；同时能与外部物流园区或物流企业发展战略联盟关系，注重物流横向一体化的发展；完善物流组织、制度、管理、技术及物流设施、物流装备，使之与现代物流协同发展，实现物流垂直一体化发展。通过一体化战略的实施，整合物流信息资源，完成数据交换，实现信息共享，发挥物流信息平台强大的集聚效应和规模效

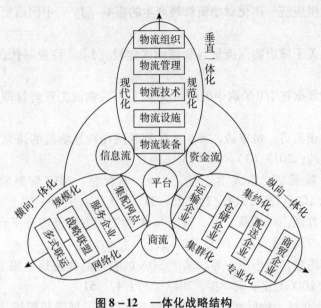

图 8 - 12   一体化战略结构

应，并且能加强物流企业与上下游企业之间的合作，实现一体化运作，为客户提供"一站式"服务。

 ## 8.6   本章小结

本章首先对现代物流服务概念和特征等进行了总结，然后通过智慧物流在商物管控、供应链一体化、业务需求和技术需求四个方面的需求分析，总结研究得到智慧物流商物管控、智慧物流供应链运营管理和智慧物流业务管理三个层面的业务服务、管控服务和应用服务内容，进而对智慧物流服务模式，特别是四个典型智慧物流服务模式进行阐述分析，最后基于智慧物流长远和全局的需求，提出供应链战略、渐进式战略、协同联动战略、一体化战略及国际化战略五个智慧物流服务战略选择。

 ## 参考文献

[1] 钱勇生，张孝远. 省际之间铁路货物运输流量流向趋势分析 [J]. 统计与决策，2007 (11)：97 -98.

[2] 王凌峰. 物联网加速物流供应链信息一体化 [J]. 信息与电脑，2012 (6)：88 -91.

［3］蔡晓莹．供应链一体化对物流管理产生的影响［J］．中国商贸，2012（6）：162 – 163.

［4］刘有鹏．关于城市物流流量与物流园区建设［J］．商业时代，2004（33）：28 – 29.

［5］贺皎．大数据在 JIT 采购中的应用前景［J］．物流工程与管理，2014（7）：147 – 148.

［6］王智明，张云勇，房秉毅，等．云化物联网在智慧物流的研究与应用［J］．互联网天地，2013（3）：20 – 23.

［7］胡安安，黄丽华，张成洪，等．"物"有智慧：2014 智慧物流愿景展望［J］．上海信息化，2014（2）：28 – 31.

［8］刘琼，崔首领，叶晶晶，等．基于 SOA 的第四方物流服务平台研究［J］．机械设计与制造，2007（1）：20 – 21.

［9］管华，廖明潮，同小军，等．基于 SOA 的农产品物流信息服务集成平台研究［J］．武汉工业学院学报，2012（2）：47 – 51.

［10］杨申燕，胡斌．物联网环境下物流服务创新的发展路径探析［J］．理论月刊，2014（6）：147 – 150.

［11］梁红波．云物流和大数据对物流模式的变革［J］．中国流通经济，2014，28（5）：41 – 45.

［12］林云，田帅辉．物流云服务：面向供应链的物流服务新模式［J］．计算机应用研究，2012，29（1）：224 – 228.

［13］武淑平．动态环境下我国物流企业服务战略选择与实施［J］．现代管理科学，2011（3）：99 – 101.

9 大数据背景下智慧物流运营管控模式分析研究

 ## 9.1 大数据技术在我国物流行业应用的必要性

当前，大数据技术等新一代信息技术的蓬勃发展，正推动着中国智慧物流的变革，智慧物流将是信息化物流的下一个发展方向，未来我国物流将呈现出智能化、信息化、数字化、现代化的特征。大数据技术在物流中的发展及应用，可以提升我国物流行业的服务水平，实现物流的智能化、一体化、协同化发展。大数据技术在我国物流行业应用的必要性分析如图 9-1 所示。

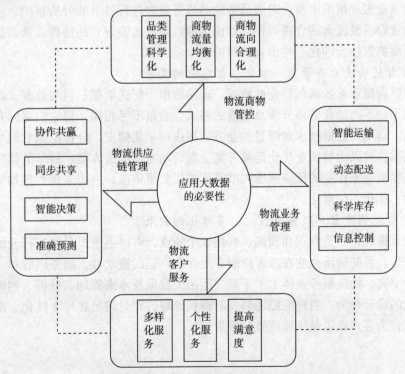

图 9-1 物流行业应用大数据技术必要性分析

1. 智慧物流供应链协作共赢、智能决策的需求

物流供应链管理水平已成为获得行业成功的决定性因素。在采购、生产制造、批发、运输、零售等环节会产生大量的数据，但是由于目前整个物流供应链数据传递的不及时，数据失真、数据交换错误，给整个物流行业造成巨大的损失。大数据背景下的智慧物流供应链应是基于智能终端的数据采集，运用云计算、分布式计算技术进行处理，进而对数据进行分析挖掘，发掘有价值的信息，从而实现物流供应链管理的智能化、可视化管理及无缝化衔接，使得信息在整个环节可以同步共享，及时准确预测需求变化，从而实现采购商、生产商、分销商、销售商的智能决策与协作共赢。

2. 智慧物流商物管控合理化、均衡化的需求

按照商品的类型，商品可以分为大宗商品和零售商品，智慧物流商物管理就是对商品货物的品类、分配区域及数量、分配时的运输路线等进行管理。如此众多的商品如何分配、分配到不同区域的数量如何确定及分配时如何选择最优的运输路线，都是商物管理环节需要解决的问题。这些环节包含关于商品的大量数据，运用大数据技术对数据进行采集捕捉、存储管理、计算处理、分析挖掘可以帮助物流业实现精准决策，对商品货物的流量流向进行科学的分析预测、进而实现商品货物流量流向的合理调控，最优运输线路及运输方式的选择，从而达到智慧物流商物管控合理化、均衡化的目的。

3. 智慧物流业务管理一体化、信息化的需求

智慧物流业务数据包括仓储数据、运输数据、配送数据、包装数据、装卸搬运数据等。不同的业务环节涉及数据的格式、数量不尽相同，但它们之间存在某种联系。运用大数据技术对海量的业务数据进行采集捕捉，分析挖掘它们之间的相关关系，可以为物流业优化运输方案、制订动态的配送方案、科学的管理库存及提高物流业务作业的反应速度和准确度提供决策依据，进而实现智慧物流业务管理的一体化、信息化。

4. 智慧物流客户服务个性化、多样化的需求

大数据的核心是发现和预测，利用这个特点，可以迅速提升物流行业的整体服务水平。目前物流企业在为客户服务上存在一定的被动性，服务内容单一，客户投诉率高，物流服务整体水平不高。运用大数据技术来管理、分析、判断各物流企业的运营行为，遇到问题能够及时得到处理，充分满足客户个性化、多样化的需求，为客户提供最优质高效的服务。

9.2 大数据技术在我国物流行业的业务应用

随着移动互联网的飞速发展，物流行业信息化程度不断加深，物流运营过程中产生了海量的数据，如何运用大数据进行可视化物流运营管理，是整个物流行业目前面临的机遇和难题，大数据技术的应用可以帮助物流企业提高管理水平、实现智能决策、精准预测的目的。本节从智慧物流商物管控、智慧物流供应链管理、智慧物流业务管理三方面介绍了大数据技术在我国物流行业的应用。

9.2.1 大数据技术在智慧物流商物管控中的应用

大数据背景下智慧物流商物数据包括大宗商品数据和零售商品数据。大数据在商物管理中的应用可以使得对商品管理在时间空间上进行智能化决策，科学管理商物的流通节点及流通通道，实时掌控商物的流量流向，大数据技术在商物管控中的应用过程如图9-2所示。

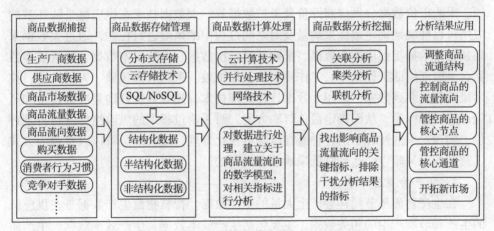

图9-2 大数据技术在商物管控中的应用流程

商品的流量流向呈现动态变化的特点，物流企业运用大数据技术及时捕捉商品的生产厂商数据、供应商数据、商品市场数据、商品流量数据、商品流向数据、消费者购买数据、消费者行为习惯、竞争对手数据等，运用分布式存储、云存储技术、SQL/NoSQL技术对数据进行整合管理，按照结构化数据、半结构化数据、非结构化数据的分类对数据进行分类管理，通过云计算技术、并行处理技术、网络技术等对数据进行处理，建立关于商品流量流向、流通结构等方面的数学模型，对相关指标进行分析，再运用关联分析、聚类分析等大数据分析挖掘技术，从中找出对商品流量流向、流通结构影响最大的指标，排除干扰分析结果的指标，得出最优的解决方案，以调整商品的流通结构使之合理化，控制商品的流量流向，对商品流通的核心节点及流通通道实现实时控制，进而还可以预测商品未来的需求情况，开拓新市场，扩大业务范围，实现商品流通过程的精细化、可视化管控。

9.2.2　大数据技术在智慧物流供应链管理中的应用

大数据技术在物流供应链管理中的应用可以提高物流供应链的灵活度，通过大数据预测分析，实现智慧物流供应链管理的智能化、可视化，极大地提高客户的满意度，塑造差异化的物流服务，并且可以及时快速地掌控供应链各环节可能存在的风险，为客户提供安全运营保障。大数据技术在智慧物流供应链中的应用布局如图9-3所示。

1. 采购物流环节

智慧物流采购环节主要产生采购数据和采购行为数据两大类数据，其中，采购数据主要包括供应商基本数据、库存数据等。采购行为数据主要包括采购计划、采购审价数据、供应商评价及考核数据等。大数据技术在供应链采购环节的应用可以准确地确定最优采购量及对采购过程中的风险进行控制。通过大数据采集捕捉技术捕捉到供应商数据、采购批量批次数据、进货成本数据、缺货成本数据、采购部门的工作效率、工作质量、工作绩效、采购管理风险、人员风险、技术风险等一系列数据，运用大数据计算处理技术，建立最优订购量决策模型和风险评价指标体系，从而确定最佳订购方案，对采购过程中的风险指标进行科学评价，实现对采购过程中的各种潜在风险可视化管理，使管理层可以以直观的方式了解和控制风险点，达到降低采购成本的目的。

2. 生产物流环节

在生产物流环节同样会产生大量的生产数据，智慧物流生产数据是在供应链的生产环节所产生的相关数据，主要包括生产成本数据、生产效率数据、生产质量数据、生产设备数据、生产人员数据和生产消耗数据。运用大数据技术，对生产过程中的数据进行采集处理分析挖掘，通过数据掌控整个生产过程，从而更好地指导生产，减少生产过程中不必要的资源浪费。例如分析生产设备数据可以对设备进行预测性维护；分析生产成本数据，可以挖掘出降低成本的环节，减少生产成本等。生产商还可以与零售商合作，从零售商那里获得产品的促销数据（商品、价格、销量）、产品的上架数据、库存数据等，对这些数据加以整合利用，利用实时数据来调整生产，改变库存水平，提升自己的需求预测能力，使得资金得到更高效的使用，提高服务水平，获得更大的经济效益。

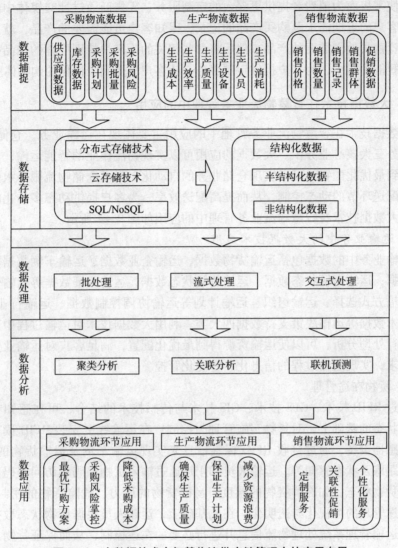

图9-3 大数据技术在智慧物流供应链管理中的应用布局

3. 销售物流环节

销售物流环节的数据主要包括销售价格、销售数量、销售记录、销售群体、促销数据等数据。大数据在产品销售环节可以应用于关联性促销、客户定制服务、个性化购物体验等方面。零售商通过采集消费者行为数据、历史季节性销售额、气候天气、消费者交易数据、来自社交媒体的有用信息、用户定位显示所在的位置、发布的内容等数据，对这些数据进行实时分析，开展关联性促销，随时改变产品的摆放布局，为自身各类商品的库存提供参考值。大数据技术的应用，还可以使零售商为消费者提供更深入的定制服务，零售商通过社交媒体中的信息了解到客户的近期需求及购买产品的记录，得知客户可能需要的产品，就可以向顾客推荐购买他们需要的产品，然后将那些相关的为客户特别推荐的产品推送到客户的智能手机中，为客户提供定制服务，让客户享受到个性化的购物体验。

9.2.3 大数据技术在智慧物流业务管理中的应用

大数据技术在智慧物流业务管理中的应用主要体现在运输业务、仓储业务、配送业务三大核心业务中。大数据的应用可以实现物流作业的智能运输，使运输资源得到最优化配置；可以实现仓储业务的自动化，提高仓储物流服务水平；可以实现配送环节的动态控制，从而提高配送效率，为客户提供动态多样化的配送服务。大数据技术在智慧物流业务管理中的应用如图 9-4 所示。

1. 运输业务中的大数据技术应用

运输业务中的数据包括运输货物数据、运输企业数据、运输车辆数据等运输基础数据；运输车辆状态数据、运输货物状态数据、运输单证数据等运输作业数据；运输方式选择、运输组织、运输计划等运输协调控制数据；运输行业数据、运输技术数据等运输决策支持数据四大类。利用大数据技术对运输过程中产生的数据进行处理分析，可以使运输资源得到最优化配置，满足客户对运输业务的个性化需求，实现运输过程的信息化、智能化管控。

1）货物在途管理

通过 RFID 技术、GPS 技术、GIS 技术与传感技术的结合，可在感知在途运输货物状态的基础上，对货物实施管理与控制。在运输线上安装 RFID 读写器设备和传感器设备，通过接收 RFID 标签信息来实现运输车辆及运输货物的识别、定位、跟踪及状态感知等。运输人员和用户通过输入货物编码和访问密码即可随时查询货物状态，如冷鲜货物的温度、易碎货物的压力、危险货物的密封性等，实现在途管理的可视化与透明化。在此基础上，运输人员根据货物状态数据可直接通过运输管理系统处理物流信息并进行必要的在途控制，从而保证货物运送的质量与安全。

2）车辆调度和运输线路的调整

根据货物配送情况反馈的数据、货物的配送跟踪数据、车辆实时状态分布数据和历史车辆数据等，对现有的调度方案进行调整，对车辆进行合理调配，缓解网点货物量不均衡的情况。对货物所在地、消费者所在地位置、当时的交通状况、天气状况等因素进行分析，对运输过程中的风险因素作科学评价，可以制定最优的运输路线，保障物流的畅通和高效运作。

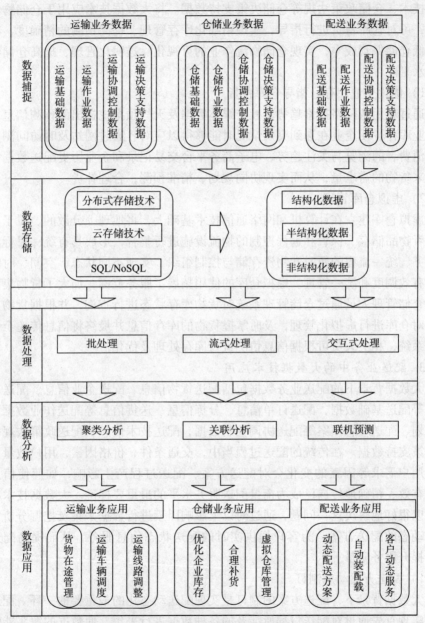

图 9-4 大数据技术在智慧物流业务管理中的应用

2. 仓储业务的大数据技术应用

仓储业务中的数据包括仓储货物信息、仓库信息等仓储基础数据，入库信息、出库信息等仓储作业数据，仓储计划、仓储货位分配等仓储协调控制数据，仓储技术、仓储政策法规等仓储决策支持数据。将大数据技术应用于仓储物流业务中，可对仓库备货进行指导，实现精细化库存管理、提高预测的精确度，有效地降低仓储保管成本，实现仓储物流作业的可视化、透明化管理，提高仓储物流服务水平。

1）优化企业库存，指导仓库备货

通过利用从网络搜索趋势、社交媒体数据及天气预报挖掘出的预测信息，优化企业库存，使企业在遇到突发情况时能够得以应对。通过网站及时访问浏览数据、消费者的浏览与关注趋势、电子商务平台交易记录和企业历史配送数据等预测未来货物的需求量，从而实现协同规划、精准预测，合理补货。

2）虚拟仓库管理

虚拟仓库建立在计算机和网络通信技术基础上，将地理上分散的、属于不同所有者物品储存、保管和远程控制的物流设施进行整合，形成具有统一目标、统一任务、统一流程的暂时性物资存储与控制组织，实现不同状态、空间、时间的物资有效调度和统一管理。虚拟仓库的使用拓展了服务范围，加大了货物集散空间。仓储管理人员通过仓储管理系统对货物库存状态进行查询，并根据货物库存数据对仓库进行虚拟化管理，及时掌握货物的库存信息并最终将信息传递至仓储管理系统，相关人员可根据信息情况进行库存处理及优化。

3. 配送业务中的大数据技术应用

大数据背景下的配送业务数据包括配送货物信息、配送企业信息、配送车辆信息等配送基础数据，配送订单信息、分拣信息、送货信息等配送作业数据，配送计划、配送应急预案等配送协调控制数据，配送技术信息、配送政策法规等配送决策支持数据。在传统的配送过程当中，交通条件、价格因素、用户数量及分布和用户需求等因素的变化会对配送方案、配送过程产生影响，如何使信息及时、有效、精确地传递已成为衡量配送服务水平的最重要标准。大数据技术的应用可以很好地解决这一问题，通过对以上影响因素进行数据采集及挖掘分析，可形成动态的配送方案，为客户提供实时的配送状态信息服务，从而提高配送效率，提升服务质量。

1）配送方案动态制订

大数据背景下，配送方案的制订是实现配送动态化的最重要的一环。配送方案的实现首先通过对配送过程所涉及的各种数据进行采集，使数据的源头能够及时、有效地捕捉；其次是通过畅通的数据传输网络和复杂的存储技术，实现数据的传输存储；最终通过大数据分析技术，确定经济合理的配送方案，并将信息反馈给相关部门实施。

2）自动配装配载

在大数据背景下，物流企业处理的货物的各项属性都被录入到企业物流信息管理系统中。在配送的过程中，货物可能会在途经的物流中心经过一次或多次重新配装配载，应用大数据技术可从企业物流信息管理系统中获得货物属性数据，从配送环节感知体系获得货物的各项状态数据，利用这些数据进行实时分析可实现货物自动分货、配装、配载，从而极大地提高配送过程中货物的周转效率，有效地控制配送总时间。

3）客户动态服务

配送是物流过程的末端环节，是将输送的货物运达客户手中的最终环节。在各项物流活动中，配送与客户的联系最为密切，配送环节与客户配合、接触过程中的表现甚至直接影响企业业绩。在大数据背景下，通过对货物配送全程的监控，向客户动态地反馈监控信息，并动态接收客户的需求信息和信息变更，及时做出服务调整，可满足客户灵活性的要求，提升对客户的物流服务整体质量，塑造良好的企业形象。

 ## 9.3 大数据技术在我国物流行业的实施条件分析

云计算、物联网技术等信息技术的成熟，推动了以大数据应用为标志的智慧物流产业的兴起。智慧物流极大地促进了物流产业优化和管理的透明度，实现了物流产业各个环节信息共享和协同运作，以及社会资源的高效配置。大数据技术要在我国物流行业得到良好的实施，需具备一定的条件，以下从行业标准层面、信息平台建设层面、业务模式层面、运营管理层面、服务模式层面对大数据技术在我国物流业的实施条件进行分析，如图9-5所示。

1. 行业数据标准层面

大数据背景下的智慧物流数据按照不同的维度分为智慧物流供应链数据、智慧物流商物数据、智慧物流业务数据。对于物流不同环节的数据而言，各种原有的数据在诸多方面都存在较大的差异，例如，数据质量和格式、组织结构及字段命名规则等。因此为了更好地实现海量数据的采集分析，需要物流行业统一数据编码规则及物流元数据标准、统一数据录入管理软件，以共同的编码作为基础，对不同的文件予以汇总，并对各种数据予以检验，以保证各种数据以一种统一规范的形式进行采集和分析，以便更好地对数据进行管理和应用，从而进一步提高数据处理分析的效率和效果。

2. 信息平台建设层面

根据大数据对物流信息处理的流程，大数据背景下的智慧物流信息技术包括

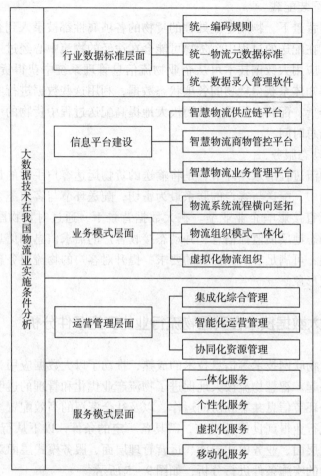

图 9 – 5　大数据技术在我国物流业实施条件分析

智慧物流信息捕捉技术、智慧物流信息推送技术、智慧物流信息处理技术、智慧物流信息分析技术、智慧物流信息预测技术。物流行业必须不断完善信息技术建设，才能真正挖掘到大数据的价值。大数据背景下的智慧物流信息平台包含智慧物流供应链平台、智慧物流商物管控平台及智慧物流业务管理平台三种模式，每种模式的智慧物流信息平台都有其特有的功能及业务应用系统。物流业要建设统一的信息平台，实现行业内不同企业物流信息的互通共享。

3. **业务模式层面**

大数据对现代物流的系统结构及组织模式都产生了深远的影响。大数据背景下物流系统的协同化、智能化、可视化水平得到提升，大数据的应用推动物流系统流程横向延拓、推进物流组织模式向一体化方向演变，打破了原有组织模式的局限性，虚拟化的物流组织得到发展。因此物流行业不断创新物流发展的模式，实现智慧物流供应链管理、商物管理、业务管理的数字化、信息化、智能化和可视化。

4．运营管理层面

大数据背景下，供应商、生产商、分销商、零售商、客户、政府部门、金融服务机构构成了智慧物流信息交换的主体，各个主体之间的信息交换依赖于数据交换平台。大数据背景下智慧物流运营管理呈现集成化、智能化、协同化的趋势和特点。因此物流业要不断变革运营组织模式，从物流供应链管理、商物管理、物流业务管理三个维度进行运营组织模式的创新，通过大数据背景下智慧物流运营相关技术提供更智能、更完善、更优质的物流服务。

5．服务模式层面

大数据背景下的服务模式是利用大数据和通信网络技术，依靠大数据技术强大的处理能力、精准的环节控制及智能的决策支持完成物流行业各环节所需要的服务要求，为客户提供信息服务、管理服务、技术服务等。在大数据背景下，客户与物流服务提供商是一种共赢的合作伙伴关系，物流服务提供商应站在客户的立场上，为其提供一体化、个性化、虚拟化、移动化的物流服务解决方案。

9.4　大数据背景下智慧物流信息平台运营管理

9.4.1　智慧物流信息平台运营管理需求分析

由于不同应用场景、不同操作对象、不同应用方式对信息系统平台的需求不尽相同，因此从传感网接入、平台运营自身和业务系统对接三个方面来分析大数据背景下智慧物流信息平台的运营管理需求，如图9－6所示。

1．传感网接入需求

传感网接入需求主要集中在安全接入和标准化接入两个方面。

1）安全接入需求

首先，在保证传感器安全设计的前提下，智慧物流信息平台必须对传感器自身的健康程度进行检测并及时告警；其次，当传感器持续或者间歇地回传大量的数据信息时，智慧物流信息平台必须保证传感器与业务系统之间的信息交互的安全性。

2）标准化接入需求

由于目前缺少统一的通信协议，致使多个行业和多个厂家的传感器终端无法统一接入智慧物流信息平台，从而无法实现传感终端的统一认证和管理。

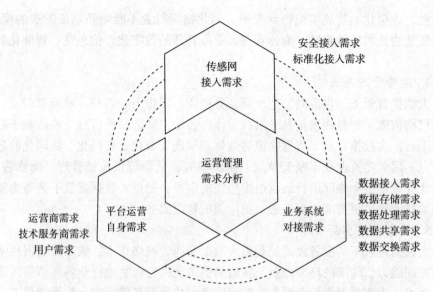

安全接入需求
标准化接入需求

数据接入需求
数据存储需求
数据处理需求
数据共享需求
数据交换需求

运营商需求
技术服务商需求
用户需求

图9-6 大数据背景下智慧物流信息平台运营管理需求分析

2. 平台运营自身需求

核心的运营平台必须服务于产业链上的各参与方，包括运营商、技术服务商及用户等。通过运营平台的推广与合作，推动智慧物流的快速发展，从而形成共赢的良性产业环境。

1）运营商需求

第一，智慧物流信息平台需要为整个供应链参与者提供统一的运营维护与管理；第二，智慧物流信息平台必须支持物流行业相关的应用系统、社会公共服务系统的接入，为企业提供大量数据的存储、分析和挖掘，并具有云计算能力，以实现物流业信息的资源整合及聚集；第三，平台需要具有开放、灵活、异构的架构，不但能够与传感网、移动通信网络、无线通信网络及宽带接入网络等无缝集成，而且能够与运营商已有的承载网和业务网无缝集成，即平台具备可扩展性、易融合性等；第四，平台必须具备完善的管理能力，能实现统一的合作伙伴的管理、统一的用户管理、统一的业务产品管理、统一的订购管理、统一的认证授权管理等。

2）技术服务商需求

技术服务商只专注于业务应用系统的开发，关注业务数据和业务流程的处理，需要简单、快速的业务开发环境。因此，第一，智慧物流信息平台需要对提交的物流业务开发需求自动匹配适合的传感器资源，并对经传感器的智慧物流信息进行对应登记、注册；第二，提供标准的开发接口，开发传感器与平台的交互界面，设计详细的数据上传、下载、存储等业务交互流程，并根据需要激活相应工作流；第三，平台需要为每个业务应用提供用户统计、业务统计、计费统计等功能，并提供符合自身业务需要的门户。

3）用户需求

从智慧物流信息平台的使用者角度进行分析，由于用户业务自身的复杂性，每个用户可能有多个应用，希望能通过多种方式接入。因此，用户希望可以方便地接入并使用智慧物流信息平台提供的物流服务，平台须具有业务申请注册管理界面、费用结算界面、充值划账界面，具备鉴权管理、委托管理、查询统计、多种提醒等功能。

3. 业务系统对接需求

运用信息技术建立高效、综合的物流信息服务平台，对各物流信息系统及相关信息系统中的信息资源，按一定的规范标准完成多源异构数据的接入、存储、处理、交换、共享等功能，从而实现供应链各环节物流信息的高效共享，为企业和用户提供应用服务。

智慧物流信息平台需要与现有的运营系统实现对接，包括计费系统、网管系统、公众服务系统等。同时，还需要与自动化仓储管理系统、智能配送系统、物流过程控制系统、货物状态查询系统等物流智能应用系统实现对接。系统对接可尽量采用目前运营系统的通用协议，但应用系统由于大量应用信息技术，因此需要制定新的协议规范。

9.4.2　智慧物流信息平台运营基础

智慧物流信息平台的建设运营需要企业有成熟的物流信息化体系和完善的业务模式。物流信息化体系为大数据的推广和应用提供技术和硬件支撑，同时明确的物流业务模式也决定了物流信息平台的业务管理机制和运行机制。

从物流企业发展和业务范围扩展方面考虑，大数据的应用实施作为物流行业未来的主流趋势，要求平台运营企业从软件和硬件两方面入手，针对自身管理运营模式、组织机构及信息系统配置现状等对基础设施条件加以改造，从而形成大数据背景下智慧物流信息平台运营体系。

1. 企业化运营模式

大数据的成熟、大规模商用需要一定的演化过程，真正在物流行业实现有示范效应的应用，才会有实质性的推动，之后才会形成良性循环。因此，大数据背景下智慧物流信息平台运营商自身必须形成一套成熟的运营模式，结合对市场环境的敏感度，加快对新的商业模式的挖掘。

在大数据背景下，运营企业需要在行政管理层面、生产销售层面、技术层面制定明确的发展方向，并适时、适当地进行机制变革，充分利用自身的发展优势、完备的业务体系和战略眼光，形成一套智慧物流信息平台运营的商用模式。

2. 运营企业信息化基础条件分析

在信息化建设层面，企业需要利用自身优势，针对自动仓储、智能运输、动态配送等物流业务内容进行信息化改造和完善，使企业对物流过程中产生的全部或部分信息进行采集、分类、传递、汇总、识别、跟踪、查询等一系列处理活动，以实现对货物流动过程的控制，为智慧物流信息平台的建设提供技术支撑和改造基础。

（1）运营企业在自身企业信息平台的基础上，需要加强数据中心和业务平台的建设，并对传感网所采集的信息进行有效处理、存储和管控，以加快对新的商业模式的挖掘。

（2）运营企业应尽快丰富终端产品的种类，终端产品的研发应该适度超前于网络建设。根据运营商的经验，终端产品这一环节是平台运营的基础，而物联网在终端产品方面的压力更为突出，必须引起运营企业的高度重视。

（3）运营企业需要构建一定规模的大数据生态圈，在物流产业商用模式的基础上进行智慧物流信息平台服务的推广，这样大数据业务才能真正落到实处。

（4）制定相应的平台信息化标准，规范接口协议和承载协议，实现智慧物流信息平台内部运作与外部接口协议的统一。

3. 信息平台运营环境基础

大数据背景下物流信息平台运营的环境基础主要有以下几个方面：①中央政府有关部门及地方政府对行业的管理和政策支持；②现代物流管理体制与市场环境促进了大数据技术的推广和实施；③物流管理规范与信息技术标准尚未统一；④具备丰富的客户资源。

9.5　大数据背景下智慧物流信息平台保障技术

大数据背景下智慧物流信息平台利用海量信息采集与控制技术，实现物流资源的高效利用和物流过程的高效运作，是智慧物流产业的核心和关键，其运营不仅涉及物流企业内各部门间的信息共享，还涉及与政府、金融、电商等外部体系间的协作，需要完成多源异构数据的整合与集成。整个平台的运营是一个非常复杂的系统工程，必须运用强有力的保障技术，建立完善的保障机制，支持物流信息平台的平稳运转。

9.5.1 智慧物流信息平台运营保障需求分析

物流行业需要依靠信息技术来整合利用信息资源，提高工作效率和工作的精确度，智慧物流信息平台应用前景广阔。目前，国内物流信息平台不同商业模式并存，运营商、金融机构、客户虽然已经在不同程度上建立起合作关系，但总的来看，平台运营的保障机制不健全。分析大数据背景下智慧物流信息平台保障机制的需求如下。

1. 信息的机密性

物流企业用户在使用平台服务的过程中，企业的各项业务数据、财务数据等企业的机密资料有可能在传递过程中被非法用户截取，这将可能导致客户在行业竞争中处于不利位置，并蒙受经济上的损失。

2. 信息的完整性

物流企业用户在使用平台服务的过程中，敏感、机密信息和数据在利用平台进行传递的过程中，可能被非法用户恶意篡改，造成用户的重大损失。此外，物流企业用户在使用物流信息平台提供服务的过程中，其客户、供应商等合作方和服务方的重要数据也可能被篡改，造成需要共同承担的经济损失。

3. 信息的不可抵赖性

大数据背景下智慧物流信息平台可实现与金融、政府部门的接口，实现电子金融等扩展服务。物流企业用户对于交易步骤和一些业务步骤，将是不可逆的过程，平台为满足相关政策法规和行业秩序需要建立相关保障体系。

4. 信息的真实性

信息的真实性不仅需要在平台的运营商及其客户间考虑，还需考虑物流行业各参与主体在利用信息平台完成物流业务流程时流程信息、支付信息等是否是真实的信息，避免一些投机分子提交虚假的信息等欺骗行为扰乱物流市场秩序。

5. 身份认证

智慧信息平台是运营商与用户在互不见面的情况下，通过移动通信网、企业局域网、行业专网等网络技术完成的，需要确认彼此的真实身份，建立信任关系，保证平台服务全过程的安全进行。

6. 支付的安全性

利用信息工具支付过程中所产生的账号、密码等信息是高度敏感的信息，如果受到侵害，可导致个人在输入账号、密码等敏感信息时受到病毒、木马程序的攻击，威胁用户的银行账号安全，使用户蒙受很大的损失。因此需要用户采取可信的措施来确保支付过程是安全的，否则将极大地影响物流企业使用该平台的信心和积极性。

7. 法规保障的执行

基于物联网的物流信息平台进行物流业务涉及一系列的法律法规，包括物流行业法规、物联网行业法规、商业法规等，需要平台有配套的法律法规执行支持，需要建立相应的争议解决和仲裁机制。

8. 信用环境保障

由于网络的广泛性、公开性和匿名性，以及业务过程中存在信息真实性、机密性、完整性等行为，平台运营企业和用户都需要服务在一个诚信的环境中进行，所以需要在技术上建立一个有效的机制，来确保物流信息平台安全、可信、合法地运行。

9.5.2 智慧物流信息平台运营保障技术

智慧物流信息平台运营保障问题是影响利用大数据技术开展物流业务的关键因素之一，因此必须建立适当的信息保障技术体系，保护在网络层传输中涉及用户支付信息的敏感数据，保证平台运营的安全性。保障措施主要包括法律、政策、安全管理、信息安全技术等。基于智慧物流信息平台运营涉及的流程环节，从信息保障技术出发提出智慧物流信息平台运营保障技术体系框架，如图 9-7 所示。

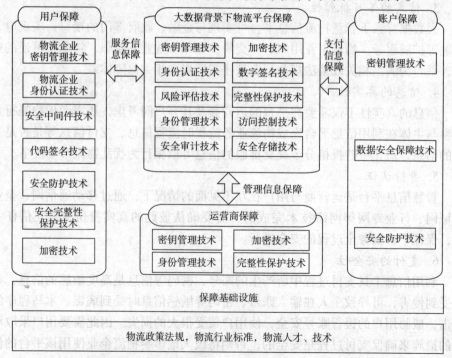

图 9-7　智慧物流信息平台运营保障技术体系框架

　　智慧物流信息平台运营保障技术体系框架中，涉及完整性保护技术、加密技术、身份认证技术、身份管理技术等多项保障技术保障平台的正常运用。

　　1. 完整性保护技术

　　在物流信息平台中，对于物联网环境下的物流业务信息采用数字签名技术、TAC 码技术等保证业务的完整性，防止信息的缺失和错误，完善平台的运营安全，用于运营商保障和平台保障。

　　2. 加密技术

　　智慧物流信息平台中采用业务密钥，包括 PKI 和对称密钥的有机结合机制、加密主密钥和支付服务系统密钥来保证平台的信息私密性，用于物流平台的运营保障和用户保障。

　　3. 身份认证技术

　　通过 USBKey 认证、基于对称加密算法的共享密钥身份认证、用户名/口令方式等实现用户的身份认证，用于智慧物流信息平台运营保障和运营商保障。

　　4. 身份管理技术

　　身份管理技术旨在解决大规模异构网络环境中用户身份管理问题，通过标识一个物流信息平台中的个体并将用户权限和相关约束条件与身份标识相关联，进而控制成员对于平台资源的访问，形成集身份认证、授权管理、责任认定于一身的基础设施框架，从而有效降低管理用户身份、属性和信任证书的成本，提高平台的效率和安全性。

　　5. 安全审计技术

　　安全审计技术指由专业审计人员根据有关的法律法规、财产所有者的委托和管理当局的授权，对有关活动或行为进行系统的、独立的检查验证，并作出相应评价，运用于平台的保障体系。

　　6. 数字签名技术

　　数字签名是指附加在数据单元上的一些数据，或是对数据单元所做的密码变换。这种数据变换允许数据单元的接收者用以确认数据单元的来源和数据单元的完整性并保护数据，防止被非授权者进行伪造。在物流信息平台中采用对关键服务信息进行三方签名的方式保证业务的不可抵赖和完整性。

　　7. 密钥管理技术

　　密钥管理技术包括从密钥的产生到密钥的销毁的各个方面，主要表现于管理体制、管理协议和密钥的产生、分配、更换和注入等。密钥管理机制应包括 PKI 和对称密钥的有机结合机制，可靠的密钥管理技术可判断信息的真实性和有效性。

8. 访问控制技术

访问控制技术是指按用户身份及其所归属的某预定来限制用户对某些信息项的访问，或限制对某些控制功能的使用，用于平台的运营保障。

9. 风险评估技术

风险评估技术是对信息资产（即某事件或事物所具有的信息集）所面临的威胁、存在的弱点、造成的影响，以及三者综合作用所带来风险的可能性的评估，运用于信息平台的运营保障。

10. 安全防护技术

安全防护技术是指采取相应的安全措施对信息资产进行保护的方法，在平台运营事故发生前做好预警与应急工作，用于用户保障和账户的保障。

11. 安全存储技术

安全存储技术包括存储环境安全、存储介质安全、存储管理安全、病毒处理等技术，用于信息平台运营。

12. 安全中间件技术

安全中间件技术利用处于平台与用户系统中间，为用户提供运行与开发的环境，帮助用户灵活、高效地开发和集成复杂的应用技术，用于用户保障中。

13. 代码签名技术

通过对代码的数字签名来标识服务模块的来源及模块开发者的真实身份，保证代码在签名之后不被恶意篡改，使用户在利用平台进行相关业务时，能够有效地验证该代码的可信度。代码签名主要针对用户，保证物流企业用户在对平台进行使用时不被病毒感染。

9.5.3　智慧物流信息平台运营保障基础

针对智慧物流信息平台运营保障的需求，结合信息平台所需的保障技术、信息平台的总体规划设计，从标准规范、政策法规、综合资源和基础设施四个方面分析信息平台运营的保障基础。

1. 标准规范基础

建立智慧物流行业的规范、统一其标准是规范利用物流信息平台进行物流活动的可靠保障和有力工具。在物流信息平台发展的初期就应该充分意识到标准化工作的重要性，在充分了解相关标准现状的基础上开展大数据背景下物流信息平台的标准需求研究，进而针对提出需要标准化的领域按照标准化需求的迫切程度逐步形成一些关键标准，在此基础上初步建立并逐步完善物流信息平台的标准化体系。

2. 政策法规基础

在政策法规方面，区域和行业需要尽快制定大数据背景下智慧物流信息平台建设与运营的政策法规，完善物流信息平台运营监管制度。产业的发展离不开政府的扶持与宏观调控，智慧物流信息平台服务业需要区域和行业内的政府和其他职能机构通过制定有关的政策法规来实现对物流信息平台商业活动的宏观管理，提供产业发展向导，与国民经济其他各领域协调发展，促进整个社会经济的共同进步。

3. 综合资源基础

智慧物流信息平台的运营对技术、人才、资金等资源都具有较高的要求。大数据技术作为信息产业的第三代革命性技术，集合了信息行业的前沿技术，而现代物流中信息技术的应用也较广，已自成体系，两者的融合有一定的挑战性，是一个全新的领域。物流信息平台服务需要一定的技术储备和人才储备，包括技术和人才的获取保障，人才的使用，解决技术性问题的能力保障等。

4. 基础设施基础

大数据背景下智慧物流信息平台的保障体系需要大量的设备支持才得以实现，数据的采集、传输、储存等过程需要特定设施设备才能进行，它们的布设组成了智慧物流信息平台保障基础设施。

 ## 9.6 本章小结

本章主要对大数据背景下智慧物流运营模式进行了分析研究，分析了大数据技术在我国物流行业应用的必要性，从智慧物流商物管控、智慧物流供应链管理、智慧物流业务管理三个层面对大数据技术的使用情况进行了研究，并且进一步探究了大数据技术在我国物流行业的实施条件。在此基础上，根据智慧物流对信息技术的需求，深入分析智慧物流信息平台的运营管理。本章最后探究智慧物流信息平台保障的相关技术，建立完善的保障机制，支持物流信息平台的平稳运转。

 ## 参考文献

[1] 韩晶. 大数据服务若干关键技术研究 [D]. 北京：北京邮电大学，2013.

[2] 陈瑞. 大数据时代基于共享平台的信息服务工作研究 [J]. 科技创业月刊，2015 (1): 20–22.

[3] 杨永刚. 数据挖掘在物流领域中的应用 [D]. 武汉：武汉理工大学，2006.

［4］ 梁红波．云物流和大数据对物流模式的变革［J］．中国流通经济，2014
（5）：41 – 45.

［5］ 张天琪．大数据时代农产品物流的瓶颈及突破［J］．商业时代，2014
（18）：10 – 12.

［6］ 张玉峰，曾奕棠．物流信息分析研究现状与趋势展望［J］．情报杂志，
2014（6）：87 – 92.

［7］ 蔡玫，徐雅雯．大数据背景下小微物流企业公共信息平台的设计构想［J］．
江苏商论，2014（7）：41 – 43.

［8］ 李力．物流信息平台构建与应用研究［D］．武汉：武汉理工大学，2006.

［9］ 付朝晖，王建新，唐强．基于虚拟数据仓库的第四方物流信息平台［J］．
计算机工程与设计，2007（17）：4246 – 4248.

［10］ 丁丽芳．云物流环境下的农物商一体化农产品物流模式［J］．中国流通经
济，2014（6）：41 – 45.

［11］ 曹旭光．大数据时代物流企业创新变革研究：以青岛市物流企业为例
［J］．中国市场，2014（22）：8 – 10，14.

［12］ 韩小改．大数据时代电子商务物流信息反馈机理研究［J］．江西社会科
学，2014（8）：232 – 235.